청소년을 위한 자기수용과 자존감 향상 가이드

Just As You Are: A Teen's Guide to Self-Acceptance and Lasting Self-Esteem

Michelle Skeen · Kelly Skeen 공저 | 이우경 역

학지사

Just As You Are: A Teen's Guide to Self-Acceptance and Lasting Self-Esteem
by Michelle Skeen and Kelly Skeen

다른 사람들과 다른 것 같고, 부적절하고, 무가치하며,

결함이 많고, 결점이 많다고 느끼는 10대에게

역자 서문

최근 들어 10대 청소년 중에는 가중되는 학업 스트레스, 부모와의 갈등, 또래 갈등 등으로 인해 심리적으로 어려운 시기를 보내는 경우가 많아졌습니다. 부모님이나 선생님, 그리고 또래와의 관계에서 인정과 관심을 받기 위해서는 어떻게 해야 하고, 어떻게 보여야 할지 소셜 미디어를 통해 끊임없이 들어오는 메시지로 인해 완벽하지 않은 자신의 일부를 숨기고 진솔한 상호작용을 어려워하는 10대도 있습니다.

이 책은 있는 그대로의 자신의 모습을 인정하고, 이해하며, 자신이 가진 강점을 파악하고, 정신건강에 좋지 않은 습관을 바꿀 수 있는 심리기술을 안내하고 있습니다. 특히 자신을 온전히 받아들이기 위해서는 진정으로 중요하게 여기는 가치가 무엇인지 파악하는 것이 중요하다는 점을 강조하고 있습니다. 또한 자기수용을 위한 심리기술로 마음챙김 훈련과 자기연민 훈련을 강조합니다.

마음챙김은 마음이 과거나 미래로 방황하면서 자기 패배적인 생각과 신념이 떠오를 때, 지나간 과거보다는 현재 경험에 집중하도록 해 주는 멘털훈련이라고 볼 수 있습니다. 그리고 자신을 향한 연민심을 기르게 되면 부정적인 경험과 감정을 이해하고, 그로 인한 불편함을 견디며, 자신에게 중요한 것을 향해 나아갈 수 있는 행동을 취할 수 있다고 설명하고 있습니다. 다른 사람에 비해 뭔가 부족한 것 같고, 자신에게 문제가 있다고 생각하는 10대에게 유용한 책이라고 생각합니다. 특히 자기 정체성을 발달시켜 나가는 고등학생과 대학교 1학년, 2학년 정도의 후기 청소년에게 보다 적합한 내용으로 구성되어 있습니다.

이 책이 '있는 그대로의 자신'을 받아들이고, 또래와 친밀한 관계를 형성하고, 심신이 건강한 성인으로 발달하고 성장하는 데 도움이 되기를 바랍니다.

역자 주

본문에 나오는 영어 이름은 가독성을 위해 한글 이름으로 바꾸었습니다. 다만 켈리(Kelly, 공동 저자)는 원저자 미셸(Michelle)의 10대 딸이고 청소년의 마음을 대변하는 상징적인 이름으로 그대로 두었음을 밝힙니다.

들어가면서

기분이 나쁘고 감정적으로 힘들면 누구나 혼자서 고통을 겪고 있다고 생각하기 때문에 기분이 더욱 나빠집니다. 누군가가 내 고통을 이해해 준다면 기분이 나아질 것으로 생각합니다. 하지만 그러려면 숨기고 싶은 자신의 일부분을 나누어야 한다는 것도 알고 있습니다. 여러분이 어떤 식으로든 스스로를 부적절하게 느끼고, 부족하고, 결함이 있고, 실수투성이고, 실패하고 있다고 느낀다면, 여러분은 혼자가 아니라는 사실을 알아주셨으면 합니다. 우리 모두는 자신이 갖고 있는 어떤 모습 때문에 어려움을 겪습니다. 이러한 심리적 어려움은 인정받기 위해서 무엇을 해야 하고, 어떻게 보여야 할지, 어떻게 행동해야 할지 소셜 미디어를 통해 끊임없이 들어오는 메시지로 인해 더욱 심화되고 악화될 수 있습니다. 이로 인해 완벽하지 않거나 현재의 사회 규범에 맞지 않는 자신의 일부를 숨겨야 한다는 느낌을 받을 수 있습니다. 외부로부터 들어온 메시지와 기준은 이 자체가 실패에 대한 설정값(default)이 되어 버립니다.

먼저, 책 전체에서 사용하는 단어인 '결함(defective)'에 대해 설명하고자 합니다. 이 단어는 많은 사람이 어느 정도는 느끼고 있는 핵심 믿음을 나타냅니다. 무언가 자신에게 문제가 있다는 느낌 같은 것입니다. 이 느낌은 그 강도, 즉 스펙트럼에 따라 약간, 적당히, 또는 많이 느낄 수 있습니다. 또한 삶의 일부 영역에서만 느껴지고 삶의 다른 영역 혹은 삶의 모든 영역에서 느껴지는 것은 아닐 것입니다. 본인에게만 국한된 문제일 수도 있고, 가족이나 배경 또는 커뮤니티와 관련된 문제일 수도 있습니다. 그리고 나를 보는 모든 사람에게 명백하게 느껴지는 것일 수도 있고, 다른 사람에게는 눈에 띄지 않는 것일 수도 있습니다. 결국 수치심을 느끼게 하는 무언가가 자신 안에 있다는 느낌은 동일합니다.

자신의 일부가 용납될 수 없는 것처럼 느껴진다면 수치심을 느끼고 있을 가능성이 높습니다. 그리고 수치심은 진정한 자기(authentic self)가 되는 것을 방해하고 자신과 깊은 관계를 맺을 수 있는 능력에 방해가 됩니다. 숨기고 지내다가 자신의 일부분을 나눌 때 어떤 결과가 초래될지 상상하고 짐작하기에 급급해서 밖에 있는 누군가와 마음을 나누기가 어려워지기도 합니다. 누구나 자신의 일부분에 대해 이런 감정을 느낍니다. 이는 일종의 생존 메커니즘이며 가족으로부터 물려받은 것일 수도 있고, 또래와의 상호작용이나 사회적 기대에서 배운 것일 수도 있습니다. 원인이 무엇이든 결과는 동일합니다. 자신의 삶을 온전히 살거나 즐기지 못하고 있다는 것입니다.

무가치감과 열등감으로 인한 평생의 힘겨루기는 어린 시절과 청소년기에 형성된 신념에서 시작됩니다. 이 책은 청소년 시기에 이러한 신념이 뿌리를 내려 성인이 되어 우울증, 중독, 인간관계 실패와 같은 문제를 일으키기 전에 지금 바로 알아차리고, 없앨 수 있도록 도와주기 위한 목적으로 쓰였습니다. 『청소년을 위한 자기수용과 자존감 향상 가이드』에서는 자신의 감정을 이해하고 타인의 영향뿐만 아니라 자신에 대한 인식을 바꿀 수 있는 방법을 알려 드리고자 합니다.

먼저, 여러분이 원하고 마땅히 누려야 할 삶을 사는 데 방해가 되는 자신과 타인에 대한 신념을 살펴봅니다. 부정적인 생각의 순환고리가 시작된 원인을 이해하는 것이 부정적인 생각을 없애는 첫 번째 단계입니다. 자신의 불완전함을 받아들이고 온전한 자신을 받아들임으로써 결함을 지각할 때 오는 불편한 감정과 왜곡된 생각에서 벗어날 수 있고 자유로움을 느낄 수 있습니다. 이를 위해서는 자신의 가치를 파악하는 것, 즉 자신에게 진정으로 중요한 것이 무엇인지 파악해야 합니다. 가치가 확고하면 다른 사람의 의견이나 비판에 압도당하는 느낌이 줄어들 것입니다.

그런 다음 연민에 대해 배우게 될 것인데, 가장 중요한 것은 자기연민(self-compassion)을 기르게 되면 타인에게도 연민심을 베풀 수 있고 또 다른 사람들로부터 우러나오는 연민심도 받아들일 수 있습니다. 다음으로, 자기수용을 위한 기술로서 마음챙김을 배우게 될 것입니다. 자기패배적인 생각과 신념이 떠오를 때, 마음챙김은 과거의 실패를 근거로 반응하기보다는 현재 경험에 집중하는 데 도움이 될 수 있습니다.

이러한 기술을 익히면 감정을 이해하고, 그로 인한 불편함을 견디며, 자신에게 중요한 것을 향해 나아갈 수 있는 행동을 취할 자세를 갖게 됩니다. 또한 효과적인 커뮤니케이션 기술을 배워 다른 사람들과 의미 있는 방식으로 소통할 수 있습니다.

이 모든 과정을 통해 자신을 있는 그대로 받아들이고 다른 사람들과 깊은 관계를 형성하고 유지할 수 있습니다.

차례

01

나 자신에 대해 어떻게 느끼고 있나

열두 살이든 열아홉 살이든, 자신에 대한 믿음은 환경과의 상호작용을 통해 이미 형성되어 있습니다. 이러한 환경에는 소셜 미디어, 가족, 친구, 또래, 학교, 커뮤니티, 그동안 읽은 책, 시청하는 TV 프로그램, 영화, 잡지 등 살아오면서 접한 모든 것이 포함됩니다. 그리고 이 모든 것들이 자신과 타인, 그리고 주변세계에 대한 특정한 신념을 형성하고 심화시키는 방식으로 소통하거나 상호작용합니다.

인생 초기에 형성된 신념으로 인해 스스로 가치 없고 열등하다고 느낀다면, 점점 더 그 신념은 굳어져서 제거하기가 어렵습니다. 이 책의 연습 문제를 계속 읽고 완성해 보면서 자신에 대한 부정적인 신념을 이해하고 식별하고, 자기연민으로 대하고, 있는 그대로의 자신을 받아들이는 연습을 하길 바랍니다. 이런 연습을 통해 얻을 수 있는 이점은 우선 자기 경험을 통찰할 수 있고 인생의 모든 굴곡에 맞서서 더 편안하고 자신감 넘치며 회복탄력성을 갖춘 어른으로 성장할 수 있다는 점입니다.

여러분도 짐작할 수 있듯이 자신에 대한 신념은 여러 가지가 섞여 있는 가방과 같습니다. 누군가는 자신에 대해 긍정적인 믿음을 가지고 있습니다. 친구를 쉽게 사귄다, 머리카락이 멋지다, 형제자매와 친하다,

학업 성적이 뛰어나다, 운동을 잘한다 등의 긍정적인 믿음이 형성되어 있습니다. 또한 누군가는 자신에 대해 부정적인 믿음을 가지고 있습니다. 사실, 이것은 누군가로부터 비판을 받거나 인정받지 못할까 봐, 혹은 둘 다로 인해 두려워하며 자신의 일부를 숨기고 있다는 의미입니다. 어떤 식으로든 자신이 '표준(norm)'을 벗어났다고 느낄 수도 있습니다. 우리 모두는 인종, 종교, 가족, 문화, 키, 눈 색깔, 체형 등 자신이 통제할 수 없거나 마음에 들지 않는 정체성의 어떤 측면을 가지고 있습니다. 물론 청소년 시기는 거주지, 다니는 학교, 참여할 수 있는 활동, 참여할 수 없는 활동, 친구가 될 수 있는 사람, 데이트할 수 있는 사람 등 자신이 결정할 수 없는 삶의 일부분을 통제하는 부모님으로 인해 스스로 통제할 수 없는 삶의 영역이 더 많을 수도 있습니다. 그리고 이러한 요인 중 일부로 인해 자신이 부적절하거나 결함이 있거나 충분하지 않다고 느낄 가능성이 높습니다.

이 책은 관심사를 추구하고, 어떤 기회를 얻고, 자신의 여러 부분을 탐색하고, 나누고, 의미 있는 관계를 구축하는 데 방해가 되는 부정적인 신념을 식별하도록 도와주고자 하였습니다. 특히 여러분이 현재 하고 있는 행동이 자신에 대한 부정적인 신념을 어떻게 강화하고 있는지를 식별하고 이해하도록 해 줄 것입니다. 우선, 자신의 모든 부분을 받아들이는 데 방해가 되는 자신과 타인에 대한 신념을 살펴봅니다. 이러한 부정적 신념의 순환이 시작된 원인을 파악하는 것이 이를 없애기 위한 첫 번째 단계입니다. 부정적인 신념을 파악한 후에는 이 신념을 강화한다고 여겨지는 부정적인 생각을 다루는 방법을 배우고, 결함, 무가치함, 실패, 부적절함을 강화하는 행동에서 벗어나기 위한 핵심기술을 배우게 될 것입니다.

부정적인 신념

청소년은(여러분은 혼자가 아닙니다!) 부적절함, 결함, 무가치하다는 감정을 어느 정도는 다 겪습니다. 이러한 감정은 자존감에 영향을 미치며, 또래와의 만족스러운 상호작용과 수용을 가로막거나 방해가 될 수 있습니다. 대부분의 사람들과 마찬가지로 여러분도 다른 사람이 자신을 어떻게 생각하는지 신경 쓰며, 또래와 자신을 비교하는 데 적어도 어느 정도 시간을 할애할 것입니다. 소셜 미디어는 우리를 다른 사람과 끊임없이 비교하게 만드는 경향이 있습니다. 이로 인해 다른 사람이 보기에 자신이 완벽하지 않고 결함이 있는 사람이라고 느낄 수 있습니다. 시간이 지남에 따라 이러한 감정이 반복적으로 강화되면 수치심, 우울증, 불안, 고립감으로 이어집니다.

우리는 모두 다른 사람과 연결되어 있고, 그렇게 사람들과 건강한 관계를 맺을 때 풍요로움을 느낍니다. 따라서 다른 사람에게 인정받고 싶어 하는 것은 당연한 일이며, 충분하지 못하다는 느낌을 받고 거절당할까 봐 두려워하는 것도 당연합니다. 실제로 다른 사람의 판단이나 거절을 피하기 위해 많은 노력을 기울입니다. 여기에는 다른 사람의 확언(affirmation)을 구하거나, 다른 사람의 승인 없이는 결정을 내릴 수 없거나, 내리지 않으려 하거나, 가벼운 비판조차 듣기 힘들어하는 것 등이 있습니다. 자신의 일부를 받아들이고 나누는 것이 어렵거나, 다른 사람에게 호감을 얻고 인정받기 위해 특정 방식으로 행동해야 한다고 느끼기도 합니다. 또는 자신이 부족하다고 느끼는 어떤 부분에서 주의를 돌리기 위해 다른 사람에게 더 많은 에너지를 집중할 수도 있습니다. 여러분은 이미 스스로를 부족하다고 여기고 있고 다른 사람의 반응이 두려워서 자신을 숨기고 있다는 것을 어렴풋이 알아차리고 있을 것입니다. 또한 이러한 생각이 자신의 잠재력을 발휘하거나 원하는 관계를 구축하는 데 방해가 된다는 사실을 알고 있을지도 모릅니다.

결함이 있다는 느낌과 그것이 자신의 삶에 미치는 영향을 공유한 청소년들의 다음 이야기를 들어 보세요.

태영

태영이는 고등학교 농구 대표팀에서 센터를 맡고 있습니다. 침묵의 전사인 그는 열심히 하고 인기도 많지만 조용한 편입니다. 태영이의 친구와 동료들은 태영이의 침묵을 그저 쿨하다는 신호로 받아들입니다. 어쨌든 태영이는 농구 경기에서 이기고 믿을 수 있는 팀원이자 친구가 되기에도 너무 바빠서 많은 말을 할 필요가 없다고 느낍니다.

이제 태영이로부터 직접 경험담을 들어 보겠습니다.

> 사람들이 저를 멍청하다고 생각할까 봐 다른 사람에게 말을 거는 것이 두렵습니다. 어릴 적 다른 도시에 살았을 때 말더듬증이 생겼어요. 부모님은 저를 언어치료사에게 보내셨어요. 시간이 지나면서 말더듬증이 사라졌어요. 하지만 긴장하거나 스트레스를 받으면 다시 나타납니다. 어렸을 때 겪었던 친구들의 놀림을 기억해요. 정말 고통스러웠어요. 학교에 가고 싶지 않아 침대에서 일어

> 나지 않던 날도 있었어요. 지금도 제가 충분하지 않다는 평가를 받고 거절당할까 봐 두려워서 이 부분을 숨기고 있습니다.

고등학교 농구 스타로서 태영이의 외적인 모습은 내면의 경험과 대조를 이룹니다. 이러한 점은 태영이가 다른 사람들과 더 깊고 진정성 있는 관계를 발전시키려고 할 때 장벽이 됩니다. 우리는 다른 사람이 자신의 어떤 부분에 대해 불완전하거나, 부적절하거나, 결함이 있거나, 흠이 있는 것으로 보거나 거절당할까 봐 두려워합니다. 다른 사람이 내가 힘들어하는 부분을 알게 되면 나를 부정적으로 볼까 봐 걱정되나요?

가온

가온이는 소셜 미디어 스타입니다. 가온이는 수천 명의 페이스북 '친구'와 인스타그램과 스냅챗의 팔로워를 보유하고 있습니다. 가온이는 예쁘고 영리합니다. 사람들은 가온이의 게시물에 '좋아요'를 누를 수밖에 없습니다. 가온이는 가장 트렌디하고 인기 있는 옷을 흥미로운 방식으로 입으며, 게시한 사진에는 항상 재치 있는 캡션과 함께 사진을 첨부합니다. 모두가 가온이처럼 되고 싶어 하고 친구가 되고 싶어 합니다.

여기에 가온이의 경험을 소개합니다.

> 저는 하루의 매 순간이 '좋아요'를 받으려면 어떻게 해야 할까 하는 생각으로 가득 차 있습니다. 저는 소셜 미디어에 올릴 게시물을 극도로 세밀하게 계획합니다. 소셜 미디어에 게시하기에 충분하다고 여겨지는 셀카를 고르기 전에 적어도 20장 이상의 셀카를 찍습니다. 그런 다음 편집하고 제가 원하는 모습을

> 연출할 수 있는 필터를 선택합니다. 그런 다음 사진과 함께 게시할 캡션을 작성하기 위해 고심합니다. 또래들이 제 게시물을 좋아하지 않을까 봐 끊임없이 두려워하며 사는 것 같아요. 제가 올린 '완벽한 게시물'이 제가 느끼는 불완전한 모습과 매우 다르다는 것을 친구들이 알게 될까 봐 정말 친한 친구도 만들지 못합니다.

가온이는 다른 사람들에게 보여 주고 싶은 이미지를 조심스럽게 가꾸어 왔습니다. 소셜 미디어에서 끊임없이 비교를 하다 보니 소셜 미디어에서든 실생활에서든 '좋아요'를 받기 위해서는 특정한 방식으로 비춰져야 한다는 생각 때문에 자기가치감이 떨어지곤 합니다. 거짓된 모습을 유지해야 한다는 이러한 압박감 때문에 다른 사람들과 진정성 있는 관계를 맺지 못하게 된 것입니다. '좋아요'를 받기 위해 자신을 호의적으로 표현하고 마음에 들지 않는 부분은 숨기려고 애쓰는 것 같지는 않나요?

유희

유희는 열 살 때부터 정신과 의사의 진료를 받고 항우울제를 복용하기 시작했습니다. 유희는 외동딸이고 혼자 있는 시간이 많았습니다. 유희의 부모님은 유희가 또래 친구들과 시간을 보내거나 또래 아이들이 관심을 보이는 활동을 하지 않아서 뭔가 문제가 있는 것은 아닌지 걱정하기 시작했습니다. 약물 치료를 시작한 후 유희는 고립감을 덜 느끼게 되었고 또래 친구들과 함께 활동에 참여하는 시간이 늘어났습니다.

유희의 경험담을 들어 보세요.

> 저는 4년 동안 항우울제를 복용하고 있습니다. 약을 먹으니까 정말 제 인생이 바뀐 것 같아요. 그리고 부모님도 내내 저에 대해 걱정하지 않으시니까 좋았어요. 친구도 많아지고 활동적으로 바쁘게 지내고 있지만 약을 먹어야 하는 '미친 사람'이라는 사실이 부끄러워요. 제 친구들 중 누구도 제가 우울증 치료를 위해 약을 먹는다는 사실을 모릅니다. 사실 친구들이 저를 치어리더라고 부를 정도로 행복한 척을 하거든요. 친구들이 제가 '미쳤다'는 사실을 알게 되면 더 이상 저와 친구를 하고 싶지 않을까 봐 걱정됩니다.

다행히도 유희의 부모님은 딸이 느끼는 우울 증상을 파악하고 정신과 의사와 상의하여 적절한 약물 치료를 하게 해 주었고 그 결과 유희는 자신의 삶을 즐길 수 있게 되었습니다. 분명히 유희의 상태는 스스로 통제할 수 없는 어떤 것이겠지만, 유희는 또래 친구들에게 거부당할까 봐 자기 경험의 일부를 숨기고 있습니다. 혹시 다른 사람에게 숨기고 있는 질병이나 기타 질환이 있나요?

재훈

재훈이는 좋은 가족을 둔 괜찮은 소년입니다. 학교 공부도 잘하고 대부분의 스포츠를 잘합니다. 재훈이는 쉽게 친구를 사귀지만 자신이 충분하지 않다고 느낍니다. 그래서 사람들을 기쁘게 하기 위해 노력합니다. 다른 사람들이 듣고 싶어 하는 말을 합니다. 이야기를 나눌 때는 다른 사람 혹은 자신에 대한 주제가 대부분입니다. 재훈이는 다른 사람이 필요로 하는 사람이 되고자 합니다. 재훈이는 다른 사람을 행복하게 해주고 싶을 뿐입니다.

재훈이의 이야기를 들어 보세요.

> 저는 부족하다는 비판을 받을까 봐 늘 두려움 속에 살고 있습니다. 사실 저는 제 자신이 매우 평범하다고 느낍니다. 저한테 문제는 없어요. 저는 좋은 사람이에요. 학교 공부도 잘하고요. 운동도 잘하고요. 외모도 좋고요. 하지만 저는 항상 남들보다 돋보이려면 특별해야 한다고 느꼈어요. 그래서 어렸을 때부터 사람들이 듣고 싶어 하는 말을 하기 시작했어요. 그게 통하는 것 같았어요. 사람들은 저를 좋아했고 기분을 좋게 해 주니까 제 곁에 있고 싶어 했어요. 다른 사람들을 행복하게 하고 내가 특별하지 않다는 것을 눈치채지 못하게 하기 위해 오랫동안 거짓말을 해 왔기 때문에 이제는 내가 누구인지 잘 모르겠어요.

재훈이는 주변 사람들을 기쁘게 하는 데만 집중해서 자신이 평범한 사람이라는 것을 알아차리지 못하도록 노력해 왔습니다. 시간이 지남에 따라 이러한 습관적인 행동으로 인해 진짜 자기 모습을 잃어버렸습니다. 그리고 재훈이는 어느 누구에게도 자신의 진짜 모습을 보여 주고 싶어 하지 않아서 진정한 관계를 맺지 못하고 있습니다. 재훈이처럼 주변의 다른 사람들이 여러분을 좋아하고 비난하지 않게 하기 위해 그들을 기쁘게 하려고 애쓰고 있나요?

다른 사람을 행복하게 만드는 데 집중하다 보니 내가 누구인지, 내가 무엇을 중요하게 생각하는지 도무지 알 수 없는 느낌이 들지는 않았나요?

다희

다희는 어릴 때부터 부모님을 행복하게 해 드리려면 학교에서 좋은 성적을 받아야 한다고 생각했습니다. 전부 A학점을 받아야 했고 그 이하를 받는 것은 용납되지 않았습니다. 사실 다희의 부모님은 B학점은 수치스러운 것이라고 단호하게 말씀하셨습니다. 다희는 학창시절 우수한 성적을 거두었던 부모님이 다녔던 초등학교에 다녔습니다. 다희는 혼자서는 A학점을 받을 수 없었음에도 불구하고 학업 경쟁이 치열한 고등학교에 합격했습니다. 고등학교 시절 다희는 거의 항상 학업 스트레스를 받았습니다. 학업은 너무 힘들었지만, 부모님이 원하는 완벽한 성적을 받기 위해 최선을 다했습니다. 그러다 보니 성적이 오르지 않을 때는 자괴감과 부끄러움을 느꼈습니다. 다희는 또한 친구들이 자신이 그 학교에 다니는 이유가 부모님의 영향력 때문이라고 생각할까 봐 두려웠습니다.

다희의 이야기를 들어 보세요.

> 우리 부모님은 정말 똑똑하고 훌륭한 분이에요. 제가 부모님께 실망감을 드린 것 같아요. 제가 다니는 학교는 학업 수준이 높은데 제 능력으로는 따라가기가 힘들어요. 정말 힘들어요. 매일매일요. 친구들에게 저는 모든 면에서 대단한 아이처럼 행동합니다. 하지만 A학점을 받는 학생들이 수두룩한데 제가 B학점을 받는 학생이라는 사실을 다른 아이들에게 알리고 싶지 않아서 성적을 속입니다. 이 학교에서는 평균 이상의 성적을 받는 것만으로는 충분하지 않고 반드시 우수한 점수를 받아야 합니다. 부모님은 방과 후 매일 저와 함께 공부하는 과외 선생님의 과외비를 내 주십니다. 저는 친구들이 저를 바보라고 생각할까 봐 집에서 과외 선생님과 함께 있을 때 친구들에게서 연락이 오면 과외받는 사실을 말하지 않고 거짓말을 합니다.

다희는 부모님을 기쁘게 해 드리고 싶어 하고 또래 친구들의 학업 성취를 따라가려고 노력하고 있습니다. 이로 인해 다희는 예전에 부모님이 학창 시절에 받은 학업 성취나 현재의 친구들보다 자신의 학업 성취도가 낮다는 것을 숨겨야 할 필요를 느꼈습니다. 이렇게 되면서 다희는 자신이 부적합하고 무가치하다고 느끼게 됩니다. 여러분은 다른 사람과 자신을 비교하도록 강요하는 환경에 처해 있나요?

태영, 가온, 유희, 재훈, 다희의 이야기에서 비슷한 점을 찾을 수 있나요? 부모님, 또래, 친구, 형제자매로부터 받은 메시지든, 아니면 사회로부터 좀 더 큰 메시지를 받든 간에 성공하려면 다른 사람보다 더 뛰어나야 한다는 것은 분명합니다. 경쟁이 치열한 세상입니다. 경쟁 상대인 다른 사람들과 비교될 것에 대한 염려와 압박감이 끊임없이 느껴질 수 있습니다. 다른 사람과의 비교에서 시작되는 내적 투쟁을 하다 보면 어느새 자신이 부족하고, 부적절하고, 결함이 있고, 무가치하다고 느끼게 됩니다. 자신에 대한 부정적인 믿음의 대부분은 다른 사람과의 비교에서 나온 것일 수 있습니다. 이렇게 자꾸 비교하거나 비교당하게 되면 자신의 강점과 관심사, 그리고 소중히 여기는 것에서 좀 더 멀어질 수 있습니다. 그리고 여러분도 알다시피, 이렇게 비교하게 되면 자신에 대해 좋지 못한 기분을 느끼게 됩니다. 자신에 대해 좋지 않게 느낄 때, 그것은 우리 삶의 모든 영역에 좋지 못한 영향을 미칩니다.

인생의 이 시기에는 친구들과의 우정이 점차 중요해집니다. 하지만 자신이 충분하지 않다고 느끼면 우정을 쌓고 유지하는 데 중요한 어떤 것을 하기가 어려워집니다. 또한 다른 사람에게 다가가고, 자신의 마음을 진정성 있게 나누고, 자신의 욕구와 기대를 표현하기 어려워집니다.

자신이 결점이 많고, 무가치하고, 부족하고, 사랑받을 수 없는 사람이라고 믿는다면 거절당할 것이라고 예상하게 됩니다. 이렇게 되면 스스로를 비참하게 만들고 타인의 학대에도 취약하게 됩니다. 특정 방식으로 행동하지 않으면 소중한 사람들이 자신을 떠나거나 거부할 것이라고 믿을 수도 있습니다. 또는 자신의 욕구보다 다른 사람의 욕구를 먼저 생각하지 않으면 비난을 받고 자신에 대해 더 나쁜 감정을 갖게 될까 봐 두려워할 수도 있습니다. 자신에 대한 부정적인 신념으로 인해 학업이나 과외 활동(예: 음악, 미술, 스포츠)에서 발목을 잡히고, 어차피 실패할 운명이기 때문에 도전할 필요가 없다고 생각하기도 합니다. 이제 다른 사람들에게 숨기고 싶어 하는 자신의 모습을 자각해 보시길 바랍니다.

이렇게 해보세요! 태영, 가온, 유희, 재훈, 다희의 이야기를 통해 자신이 부족하고, 무가치하고, 사랑받을 수 없고, 결함이 있는 것으로 드러날까 봐 자신의 일부분을 숨겨야 된다고 믿는 것에 대해 설명했습니다. 자신이 숨기고 싶은 부분이 있는지 그 이야기를 다이어리에 적어 보세요.

타인에게 노출될까 봐 두려워하는 자신의 어떤 부분을 인식하게 되면 어떤 기분이 드나요? 글로 표현하는 것만으로도 불안감을 느낄 수 있을 것입니다. 이에 대해서도 다이어리에 적어 보세요.

켈리 어릴 적부터 사람들은 저를 활기차고 수다스럽고 사회성이 좋다고 했던 기억이 납니다. 사실 저는 재미있게 놀고, 시끄럽게 떠들고,

남들에게 말하는 것을 좋아합니다. 저 자신을 너무 과대 포장하는 것처럼 들릴지 모르겠지만, 저의 어린 시절은 거의 '파티의 삶(life of the party)'이었습니다. 저는 이런 제 모습을 좋아하지만, 나이가 들고 나서야 이것이 제 전부가 아니라는 것을 깨달았습니다. 저는 활기차고 수다스럽고 사교적일 때도 있지만, 한 발짝 물러서서 조용히 경청하고 다른 사람들이 주도권을 잡을 수 있도록 내버려둘 때도 있습니다. 최근에서야 비로소 그렇게 할 수 있었습니다. 한동안은 사람들이 저를 좋아한다고 생각해서 항상 활기차고 수다스러운 연기를 계속했습니다. 내가 이렇게 시끄럽고 수다스러운 사람이 아니라면 친구들이 나를 계속 곁에 두고 싶어 할까?라는 생각을 했었어요. 조금 더 수줍음이 많거나 내성적인 성격이 된다면 더 이상 친구들의 흥미를 끌지 못할까 봐 두려웠어요. 결국, 저도 제 행동에 지치고 진정성이 느껴지지 않았기 때문에 그런 저의 행동을 자각하게 되었습니다. 이제는 가면을 쓸 필요가 없으니 스스로 더 자연스럽고 다재다능한 사람이 된 것 같아요.

정리하기

이 장에서는 자신에 대한 신념과 그 신념이 어떻게 형성되는지 알아봤습니다. 부정적인 믿음과 왜곡된 생각은 우리 자신에 대해 좋은 느낌을 주지 않습니다. 사실, 이러한 부정적인 믿음과 생각은 때로는 어떤 상황에서 우리 자신을 꽤나 비참하게 만들 수 있습니다. 어떤 사람 주변에 있으면 유달리 기분이 나빠지거나 어떤 환경에 처하면 점점 더 불편해지는 감정에 대응하는 데 도움이 될 만한 행동이 있습니다. 다음 장에서는 기분을 자꾸 나쁘게 만드는 사람과 상황을 살펴보고, 있는 그대로의 자신을 받아들이고 더 나아가 감사할 수 있는 길로 나아갈 수 있도록 도와드리겠습니다.

02

나는 왜 그렇게 하는 걸까

우리 모두는 부정적인 생각, 고통스러운 감정, 불편한 신체 감각으로 인해 기분이 좋지 않을 때를 알고 있습니다. 우리는 이 고통스러운 경험을 없애기 위해 어떤 행동을 합니다. 어렸을 때 이런 불편함을 없애기 위해 몇 가지 행동을 시도해 본 적이 있을 것입니다. 엄마나 아빠가 좋지 못한 감정에 대응하는 모습을 보면서 관찰한 행동(예: 엄마가 입을 꾹 닫거나, 아빠가 소리를 지르거나, 형제나 자매가 방에서 나오지 않는 행동 등)을 경험했을 수도 있습니다. 시간이 지남에 따라 여러분 역시 힘든 상황에서 자주 하게 되는 어떤 행동 반응을 고안해 냈을 것이고, 그 반응을 더 많이 할수록 자동화되었을 것입니다. 이러한 자동화된 행동은 너무 깊숙이 자리 잡아서 미처 의식하지 못하는 경우가 많습니다. 같은 상황, 같은 사람 또는 같은 그룹에 처할 때마다 부정적인 생각, 감정, 신체적 감각에 압도당하는 고통의 연속이 반복됩니다. 그리고 또다시 고통을 줄이거나 적어도 고통의 일부를 완화하기 위해 동일한 혹은 유사한 방식으로 반응합니다.

이러한 행동 반응은 보통 단기적으로는 기분을 조금 나아지게 합니다. 하지만 안타깝게도 이런 행동은 장기적인 해결책이 아니며, 보통 대인관계나 다른 삶의 영역에서 더 많은 문제를 일으키기도 합니다. 그렇다면 결함, 무가치함, 부적절함, 불완전함을 유발하는 특정 상황, 환경, 사람, 사건과 관련된 고통으로부터 어떻게 하면 잘 벗어날 수 있을까요?

이 장에서는 무가치함, 부적절함, 결함의 감정을 촉발하는 사건에 잘 대응하여 기분을 나아지게 하는 자동 대처 행동과 연결해 보겠습니다. 궁극적으로 기분을 더 좋게 만드는 변화를 이루기 위해서는 본인이 평상시 가지고 있는 신념과 그에 따른 행동이 만들어 내는 패턴을 파악하는 것이 필요합니다. 자신의 신념과 관련된 자동적인 행동이 여러분이 중요하게 생각하는 어떤 것, 그리고 자신에 대한 좋은 느낌으로부터 멀어지게 하고 있을 가능성이 있습니다.

자신의 마음 이해하기

먼저, 우리 마음과 조금 더 친해질 필요가 있습니다. 마음은 부정적인 생각과 왜곡된 생각에 빠지게 되면 스스로를 비난하는 경향이 있습니다. 여기서 좋은 소식과 나쁜 소식은 우리가 생각보다 마음을 통제할 수 있는 능력이 떨어진다는 것입니다. 우리의 마음은 쉬지 않고 걱정하는 기계와 같습니다. 생존에 위협이 될 수 있는 모든 것을 끊임없이 경계합니다. 우리의 마음은 문제 해결사이며, 문제 찾기를 멈추지 않습니다. 문제를 찾지 못하면 언제든지 문제를 만들어 내기도 합니다. 사실 이때 마음은 선한 의도로 여러분을 보호하려고 할 뿐입니다. 마음이 어떻게 작동하는지 이해하게 되면 자신에 대한 기분을 더욱 나쁘게 만드는 촉발(유발, 자극) 상황에서 그간 해 오던 도움이 되지 않는 행동 반응을 더 쉽게 바꿀 수 있습니다.

위협 반응은 어떻게 작동되는가

보통 함정이나 촉발자극(trigger) 중 하나에 걸리면 마치 목숨이 달린 것처럼 자동으로 반응하게 됩니다. 이러한 반응에 대해 기분이 나빠질 이유는 없습니다. 이것이 바로 우리의 본능이기 때문입니다. 첫 위협 징후가 나타나면 우리는 싸우거나 도망치거나 얼어붙는 반응을 보입니다. 청소년은 주로 편도체(뇌의 감정 부분)의 지배를 받고 이성적인 부분(전전두엽 피질)은 아직 발달 중이기 때문에 성인보다 감정적인 반응을 더 강하게 보입니다. 하지만 편도체는 인간이라는 종의 생존에 큰 영향을 미칠 정도로 중요한 역할을 합니다. 우리 조상들은 끊임없이 생명을 위협하는 상황에 직면했습니다. 원시 시대에는 부족에게 거부당하면 굶어 죽거나 포식자에게 잡아먹히는 결과가 초래되었을 것입니다. 따라서 자동으로 반응할 때는 흔히 강한 감정이 동반됩니다. 이는 우리 뇌의 일부분이 위협 반응을 촉발시킨 자극에 대해 마치 생사를 가르는 상황인 것처럼 반응할 필요가 없다는 '문자 메시지'를 받지 못했기 때문에 발생하는 현상입니다.

함정과 촉발자극 식별하기

이제 자신과 타인에 대한 신념과 관련된 함정과 촉발자극을 자세히 살펴보겠습니다. 자신에 대한 부정적인 믿음을 유발하고 도움이 되지 않는 행동을 유발하는 사람, 그리고 상황을 잘 인식하게 되면 그러한 믿음이 주는 부정적인 힘을 최소화하는 데 도움이 될 것입니다. 이렇게 촉발자극, 상황을 잘 인식하게 되면 자신에 대한 부정적인 생각과 신념을 강화하는 행동 패턴에서 벗어나도록 해 줍니다.

이전 장에서 여러분은 스스로를 부족하고, 무가치하고, 부적절하고, 결함이 있다고 느끼게 만드는 다양한 경험을 강조하는 이야기를 읽었습니다. 여러분은 스스로를 기분 나쁘게 만들거나 다른 사람에게 숨기고 싶은 부분을 파악했습니다. 이제 여러분에게 가장 큰 영향을 미치는 삶의 영역(domain)을 파악해 보시기 바랍니다.

이렇게 해 보세요! 다음 삶의 영역 목록을 읽어 보고 특히 어렵게 느껴지는 영역, 즉 자신에 대한 부정적인 믿음이 자주 촉발되는 영역을 찾아보세요. 그 옆에 'X'를 표시하세요. 삶의 일부 영역은 다른 영역보다 더 많은 촉발자극이 유발됩니다. 또한 현재 삶의 모든 영역에서 자신이 부적절하고 결함이 있으며 무가치하다고 느끼고 있을 수도 있습니다. 정답이나 오답은 없습니다. 하나의 영역을 체크하든, 몇 개의 영역을 체크하든, 대부분의 영역을 체크하든, 모든 영역을 체크하든 해결책은 동일합니다.

영역(도메인)

______ 가족

______ 친구

______ 연애 관계

______ 학교

______ 직장

______ 커뮤니티

______ 스포츠 또는 기타 활동

______ 체력 또는 외모

______ 소셜 미디어

이 시기에는 몇 가지 특정 영역에 관심이 집중될 수 있습니다. 이미 언급했듯이, 발달적으로 청소년기는 다른 관계보다 우정이 중요한 시기이므로 주로 친구 영역에 초점이 맞춰집니다. 다시 한번 말씀드리지만, 정답이나 오답은 없습니다. 저희는 여러분이 자신의 불완전함, 결함, 부적절함과 같은 감정이 삶의 구체적인 영역과 어떤 관련이 있는지 알아차릴 수 있도록 도와주고자 합니다.

지금 어려움을 겪고 있는 영역을 파악한 후 기분이 어떠신가요? 회피하고 있던 영역을 알아차릴 수 있나요?

이렇게 해 보세요! 1장에서 했던 자신의 숨겨진 부분을 찾아보는 연습을 기억하시나요? 이제 그 연습에서 파악한 자신의 숨겨진 부분을 관련 영역 옆에 적어 보세요.

가족:

친구:

연애 관계:

학교:

직장:

커뮤니티:

스포츠 또는 기타 활동:

체력 또는 외모:

소셜 미디어:

자신에 대한 부정적인 믿음에 중요한 영향을 미치는 영역을 자각하고 나니 어떤 기분이 드나요? 자신에 대한 믿음을 삶의 특정 영역과 연결 짓는다는 것은 어떤 느낌인가요? 그것이 여러분의 삶에 어떤 영향을 미치고 있는지 보이기 시작했나요?

1장의 다희를 기억하시나요? 여기 스파크노트[1] 버전이 있습니다. 다희는 학교 성적 때문에 자신에 대해 기분이 좋지 않습니다. 다희가 이 연습을 어떻게 완결했는지 살펴봅시다.

가족: 교과목에서 전부 A를 받지 못하면 부모님은 나를 사랑하지 않을 거야.

1) 역자 주: Sparknote는 미국의 고등학생들이 흔히 이용하는 사이트로 문학작품, 영화 줄거리, 주요 내용, 인물소개, 인용문, 추가적인 해석 등이 나온다.

친구: 친구들과 같은 수준의 성적을 받지 못하면 어울리지 못할 거야.

연애 관계:

학교: 나는 이 학교에 다닐 만큼 똑똑하지 않아.

직장:

커뮤니티:

스포츠 또는 기타 활동: 발레 연습을 더 하고 싶지만 좋은 성적을 받아야 해서 여가 시간에도 공부를 더 해야 해.

체력 또는 외모:

소셜 미디어:

이 연습의 요점은 자신에 대한 부정적인 믿음이 어디서, 어떻게 활성화되는지 꼼꼼히 살펴보는 것입니다. 정보가 더 많아질수록 자기를 온전히 수용하는 단계로 나아갈 수 있는 새로운 행동을 더 효과적으로 선택할 수 있습니다.

나를 자극하는 사람들

이제 부적절감, 결함, 무가치함을 촉발하는 사람들의 유형에 대해 생각해 보시기 바랍니다. 비난받는 느낌, 거절 받는 느낌과 연관된 사람 유형을 의미합니다.

예측할 수 없는 유형: 이 유형의 사람은 일관성이 없습니다. 어떤 날은 곁에 있어 주고 어떤 날은 그렇지 않습니다.

불안정 유형: 이 유형의 사람은 일상적으로 하는 루틴이나 헌신이 부족하고 항상 마음이 왔다 갔다 하는 것처럼 보입니다.

부재형: 이런 유형의 사람은 필요할 때 항상 곁에 있지 않습니다. 문자에 응답하지 않거나 연락을 끊어 버립니다.

초연형: 이 유형의 사람은 연락이 잘 닿지 않습니다.

보류형 : 이 유형의 사람은 여러분이 필요로 하는 정서적 연결을 거부합니다.

판단형: 이런 유형의 사람은 여러분의 결점을 찾아내고 끄집어 냅니다.

거부형: 이 유형의 사람은 여러분에게서 부족한 점을 찾으면 거부합니다.

비판형: 이 유형의 사람은 여러분을 비판하고, 무시하며, 여러분이 그들보다 못하다는 느낌을 받게 합니다.

뽐내는, 자아주도적(ego-driven) 유형: 이런 유형의 사람은 여러분을 자기 혹은 타인들과는 불합리적으로 비교하는 경향이 있습니다.

위 유형 중 하나 이상을 지속적으로 보인다면 분명 해로운 사람이며, 선택의 여지가 주어진다면 곁에 두지 않는 것이 좋습니다. 하지만 때로는 이런 사람들을 피할 수만은 없습니다. 또한 거의 모든 사람이 가끔씩 이러한 행동 중 한 가지 이상을 보입니다.

켈리 저는 비판적인 유형의 사람들을 만나면 자극을 받습니다. 내 편이 없고, 어떤 이유에서든 내가 틀렸고 나쁘다고 말하는 사람들이 주변에 있으면, 내가 잘 하고 있는 걸까 의심이 자꾸 들고 스스로 결정 내리는 것이 참 어렵고 도전적으로 느껴집니다.

이렇게 해 보세요! 자신을 가장 자극하는 경향이 있는 사람들의 유형을 다이어리에 적어 보세요. 이전 연습에서 파악한 어떤 영역과 연결할 수 있나요?

다희가 쓴 내용을 살펴봅시다.

사람 유형: 선생님과 반 친구들 **영역**: 학교
사람 유형: 부모님 **영역**: 가족

반복되는 두려움, 말 또는 주제가 있나요? 그것들이 연상되는 사람 옆에 적어 보세요.

다희가 쓴 것을 살펴봅시다.

사람 유형: 선생님과 반 친구들 **영역**: 학교
나는 이 학교에 다닐 자격이 없고, 성적이 높은 친구들과 어울리지 못하고, 이 학교에 부적합하다는 비난을 듣고, 친구들이 거부할까 봐

두렵다.

사람 유형: 부모 **영역**: 가족

부모님의 기대에 부응하지 못해 실망시키고, 부모님의 사랑을 받을 자격이 없을까 봐 두렵다.

좋아요, 정말 많습니다! 생활하면서 가장 촉발자극이 되는 부분, 자극을 주는 사람, 자극을 주는 사람과 관련된 두려움, 말 또는 주제에 대해 알아차린 후 기분이 어떠세요?

촉발 행동과 경험

스트레스가 촉발되는 행동과 경험을 잘 알아차리길 바랍니다. 이런 행동과 경험을 잘 알아차릴수록 여러분의 삶과 자존감에 긍정적인 영향을 미칠 수 있는 변화를 더 쉽게 만들어 낼 수 있을 것입니다.

이렇게 해 보세요! 자신에 대한 부정적인 믿음이 강화되고 촉발되는 모든 방식을 계속해서 살펴봅시다. 다음 각 문항을 읽고 자신에게 해당되는 문항 옆에 체크 표시를 해 보세요. 먼저 여러분이 하는 행동을 살펴볼 것입니다. 그런 다음 경험, 즉 기분에 대해 살펴볼 것입니다.

행동

_______ 자신이 과소평가되는 것을 허용한다.

_______ 자신을 과소평가한다(다른 사람을 제압하기 위한 목적으로 가끔 선제공격을 함).

_______ 자신을 언어적, 정서적, 신체적으로 학대하도록 내버려둔다.

_______ 비판에 과민하게 반응한다.

_______ 비난을 받고 위축되거나 상대방을 비난하는 방식으로 강하게 반응한다.

_______ 끊임없이 다른 사람과 나 자신을 비교한다.

_______ 주변 사람들에 대해 비판적이다.

_______ 비판적이거나 거부적인 사람을 친구로 선택한다.

_______ 데이트를 피한다.

_______ 열등감을 느끼거나 다른 사람에 비해 결점이 있는 사람으로 비칠까 봐 두렵게 느껴지는 사회적 상황을 피한다.

_______ 인간관계에서 어떤 지점에 오면 뒤로 물러서거나 잠수를 탄다.

_______ 피상적인 수준의 관계를 유지하는 사람에게 끌린다.

_______ 성취도가 낮은 사람과 어울리려고 한다.

_______ 평가나 비난을 받을 수 있는 사람이나 상황을 피한다.

_______ 학업이나 기타 활동에 적절한 노력을 기울이지 않는다.

_______ 자신의 성취와 강점은 최소화하고 실수와 약점은 극대화한다.

_______ 자신의 한 가지 측면(외모, 성격, 유머 등)에 몰두하며 자신이 부적절하다고 느껴지는 것으로부터 시선을 돌리려고 한다.

_______ 무언가 잘못되었을 때 자신에게 화를 낸다.

_______ 무언가 잘못되었을 때 주변환경(예: 식당의 음식, 교통 체증, 서비스 직원)에 대해 화를 낸다.

_______ 높은 기준을 충족하려고 끊임없이 노력한다.

_______ 높은 수준의 자기통제력을 가지고 있다.

경험

_______ 결점만 보일 거 같다는 두려움이나 공포감을 가지고 살아간다.

_______ 결점이 없거나 적은 사람이 옆에 있으면 불안감이나 불편함을 느낀다.

_______ 자신의 진짜 모습을 알아챌 것 같은 누군가와 함께 있으면 불안하거나 불편함을 느낀다.

_______ 다른 사람을 질투하거나 경쟁심을 느낀다.

_______ 인간관계가 정서적으로 안전하지 않다고 느낀다.

_______ 자신이 가짜라고 느껴지고 자신의 정체가 드러날까 봐 두려워한다.

_______ 리더십이 필요한 일을 맡거나 주의를 끌 수 있는 역할을 맡는 것이 두렵다.

_______ 다른 사람과 함께 있을 때 불안을 느낀다.

_______ 더 잘했어야 한다는 생각이 자주 든다.

_______ 평범한 사람으로 보이는 것에 대한 두려움이 있다.

_______ 최고 또는 남들보다 나은 사람으로 여겨지지 않을까 두려워한다.

______ 높은 목표에 미치지 못하면 마치 아무것도 성취하지 못한 것처럼 느낀다.

______ 달성하지 못한 것에 계속 집중하기 때문에 인생을 즐길 수 없다.

______ 무엇을 성취하든 결코 충분하지 않다는 느낌이 든다.

______ 다른 사람과 자신을 비교할 때 수치심을 느낀다.

______ 성공을 했음에도 불구하고 공허함을 느낀다.

______ 높은 기준을 충족해야만 사랑과 관심을 받을 수 있다고 생각한다.

______ 수치심을 느끼며 살아간다.

______ 자신이 삶을 살 만한 가치가 없다고 느낀다.

______ 목표를 방해하는 것처럼 보이거나 나보다 높은 수준의 수행을 하는 사람들에 대해 분노하거나 적대감을 느낀다.

자신과 관련있다고 생각되는 각각의 행동 진술을 다이어리에 적어 보세요. 각 진술문 다음에 오는 말이 자신의 숨겨진 일부분과 어떤 관련이 있는지, 자신이 충분하지 않다는 느낌에 어떻게 대처하는지 설명해 보세요. 그런 다음, 자신과 관련이 있다고 생각되는 각각의 경험을 적어 보세요.

이 연습은 유쾌하지 않은 행동과 경험을 식별하기 위한 것이어서 약간(또는 많이) 불편함을 느꼈을 것입니다. 불편하고 기분이 좋지 않다는 것을 알지만, 이는 변화 과정에서 반드시 필요한 부분입니다. 자신의 행동과 경험을 인식하는 것은 자존감을 높이고 원하는 삶에 더 가까워질 수 있는 다양한 선택을 하기 위한 첫걸음입니다.

정리하기

특정 유형의 사람, 상황, 사건 등 삶의 영역에서 자신에 대한 부정적인 믿음이 촉발되면 부정적인 생각, 고통스러운 감정, 불편한 감각에 압도당하게 됩니다. 여러분은 그 고통을 없애고 싶어 합니다. 그렇기 때문에 고통에 대처하고 가능한 한 빨리 고통을 없애기 위해 반복적으로 어떤 행동을 하는 것은 당연합니다. 하지만 안타깝게도 이러한 행동은 여러분에게 더 많은 문제와 부적절감, 무가치함, 결함의 감정을 불러일으킵니다. 자신의 일부를 숨기려고 하면 단기적으로는 도움이 되지만 장기적으로는 자신에 대한 느낌을 포함해서 상황을 더 복잡하게 만들고 상황을 악화시킬 수 있는 행동을 하는 것은 어쩌면 자연스러운 일입니다. 이러한 부분은 여러분이 통제할 수 있고 궁극적으로는 스스로를 좀 더 좋게 느끼도록 해 주는 변화를 가져올 수 있다는 점 또한 이해하길 바랍니다.

다음 장에서는 도움이 되지 않는 행동에 대해 좀 더 자세히 살펴보고, 자신에 대해 좀 더 좋게 느끼는 데 도움이 되는 행동을 알아보겠습니다. 이를 통해 결국에는 자신에 대한 부정적인 믿음이 줄어들고 있는 그대로의 자신을 더 좋게 느끼게 될 것입니다.

03

무엇이 중요한지 파악하기

이전 장에서 여러분은 자신과 타인에 대한 신념을 알아차렸습니다. 이제 여러분은 자신의 신념이 어떻게 행동을 좌우하는지를 더 잘 이해하게 되었습니다. 대부분의 경우 이러한 신념은 부정적인 믿음을 없애거나 자신에 대한 기분을 좋게 만들기보다는 오히려 기분을 더 나쁘게 만듭니다. 이렇게 되면 부정적인 생각과 감정이 도움이 되지 않는 행동으로 이어지고, 또 자신에 대한 좋지 못한 감정으로 이어지며, 또다시 더 부정적인 생각과 감정으로 이어지는 악순환이 계속되는 피드백 루프를 만들어 냅니다.

이러한 행동은 결국 다른 사람에게 자신의 진정한 모습을 보여 주지 못하기 때문에 스스로에 대한 기분을 더욱 나쁘게 만듭니다. 놀라운 점은 스스로는 어떤 한 가지 방향으로 행동한다고 생각하지만, 실제로는 정반대의 행동을 하는 경우가 많습니다. 우리의 행동이 너무 자동으로 이루어지기 때문에 이 사이클을 깨는 것은 어렵습니다. 특정 방식으로 의식적인 반응과 선택을 하기보다는 순간적인 부정적인 감정과 생각을 없앨 목적으로 자동적인 반응을 할 수 있습니다. 이 과정에서 소중한 사람 혹은 중요한 것들과 충돌하는 경우가 많습니다. 그리고 "아, 내가 왜 그랬을까?"라는 의문이 듭니다. "난 그런 사람이 아닌데." 안타깝게도 반복되는 행동패턴과 습관은 우리를 규정합니다. "당신이 하는 일이 곧 당신이다."라는 표현을 들어 보았나요? 사실입니다. 사람들은 다양한 수준(표면적인 것부터 심층적인 것까지), 다양한 방식과 상황으로 우리를 파악하며, 오직 관찰 가능한 행동을 통해 우리를 판단합니다. 우리가 어떤 '행동'을 하면, 이 행동은 우리 자신에 대해 매우 중요한 정보를 전달합니다.

5장에서 부정적인 생각과 왜곡에 대해 더 자세히 이야기하겠지만, 부정적인 생각과 왜곡이 존재한다고 해서 그것이 사실이 되는 것은 아니라는 점을 강조하고 싶습니다. 하지만 그런 생각이 마치 사실인 것처럼 여기고 행동하면 그 생각은 사실로 굳어집니다. 그렇다면 부정적인 생각과 감정이 떠오를 때 자동으로 하는 행동을 어떻게 바꿀 수 있을까요? 좋은 질문입니다! 자신의 행동과 생각, 감정을 구별하고 자신이 누구인지, 어떻게 보이고 싶은지, 무엇을 중요하게 생각하는지 등 자기의 진정한 모습과 연결시켜야 합니다.

재연이의 사례를 살펴봅시다.

재연이의 이야기

재연이는 자신이 좋은 친구가 될 수 있다고 생각합니다. 자신이 매우 사려 깊고 친구들을 배려하는 사람이라고 표현합니다. 점심시간에 누군가 옷에 음식을 흘렸을 때를 대비해서 가방에 항상 미니 얼룩 제거제를 챙기고, 누군가 두통이 생길 때를 대비해 이부프로펜(비스테로이드성 소염진통제)을 챙기는 등 여자 친구들 사이에서 '마마베어'라고 불린다고 생각합니다. 재연이는 자신에 대해 이런 생각을 가지고 있지만, 스스로가 부족하다는 생각도 가지고 있습니다. 재연이는 가끔 자신이 또래 여자아이들만큼 재미있고 예쁘고 호감 가는 유형이 아니라고 느낍니다. 이러한 믿음, 즉 자신이 충분하지 않다는 믿음이 발동되면 재연이는 친구들에게 비난하며 화풀이를 합니다. 결국, 이러한 폭발은 재연이 스스로 자신이 정말로 문제가 있다는 느낌을 더욱 악화시킵니다.

재연이의 경험이 와닿았나요? 스스로 더 기분이 나빠지는 방식으로 행동하는 자신을 발견한 적이 있나요? 여러분의 행동이 여러분이 중요하게 생각하는 것과 일치하지 않을 수가 있나요?

여러분은 무엇을 중요하게 생각하나요

그렇다면 자신이 무엇을 중요하게 생각하는지 파악하는 방법은 무엇일까요? 자신도 마음에 들지 않아 숨기고 싶고 방어하고 싶은 부분에 대해 즉각적으로 반응하기보다는 자신에게 의미 있는 것, 이상적인 자아(완벽한 자아는 아님), 가치 있는 것, 심지어 세상에 끼치고 싶은 영향력까지 파악해 보는 것이 필요합니다. 방어가 작동하면 우리의 주의를 분산시키고 중요한 가치와 관심사를 못 보게끔 장애물을 만들기 때문에 이것은 매우 어려운 과정입니다. 자신의 가치를 파악하는 과정에는 몇 가지 방법이 있습니다. 두 가지 연습을 해 보시길 바랍니다. 어느 쪽이 더 마음에 와닿을 수도 있습니다. 하지만 두 가지를 모두 완료하면 자신에게 가장 중요한 것이 무엇인지 확신하고 또 재확신할 수 있습니다. 이렇게 하면 자신이 어떤 삶을 살고 싶은지 더 잘 알게 되고 행동을 선택할 때 길잡이가 되어 줍니다.

이상적인 자기 파악하기

연습을 시작하기 전에, 흔히 좋은 성품을 가진 사람들이 갖고 있다고 여겨지는 몇 가지 특성을 파악하고 정의하도록 하겠습니다. 이를 통해 자신이 어떤 사람이 되고 싶은지, 다른 사람들에게 어떻게 비춰지기를 바라는지 초점을 맞추려고 합니다. 이 목록은 완전한 목록이 아니므로 본인에게 와닿는 성품이나 특성을 자유롭게 추가할 수 있습니다.

정직성: 정직하고, 진실을 말하고, 진실에 충실하고, 개방적

책임감: 어떤 일을 처리해야 할 의무를 받아들이는 것, 책임감 있는 태도, 독립적으로 행동하는 능력, 올바르게 행동하고 잘못했을 때 비난을 받거나 감수해야 하는 도덕적 의무

돌봄: 다른 사람에 대한 관심 표시, 자신을 돌볼 수 없는 사람들을 돌보는 것

친절: 친절하고 관대하며 사려 깊은 자질, 유쾌한 기질과 타인에 대한 관심

용기: 두려운 일을 해낼 수 있는 능력, 고통에 맞설 수 있는 힘

공평성: 공평하고 공정한 대우 또는 편애나 차별이 없는 행동

감사: 감사하는 태도, 친절에 대한 감사를 표하고 보답할 준비가 되어 있는 마음가짐

겸손: 세상에서 자신의 중요성에 대한 정확한 관점을 가지는 것, 수수함, 허영심 없음.

충성심: 한 사람에 대한 확고하고 지속적인 지지 또는 충성을 보여주는 것

인내심: 화를 내거나 짜증 내지 않고 뭔가가 지연되거나 성가신 일, 괴로운 상황을 수용하고 견딜 수 있는 능력

열린 마음: 다른 사람의 경험이나 의견에 대해 수용적이고 비판적이지 않으며 호기심을 갖는 마음가짐

신뢰성: 정직하거나 진실한 사람으로 신뢰받을 수 있는 능력

현존성(존재감): 어떤 장소나 사물에 존재하거나, 발생하거나, 현존하는 상태 또는 사실

동기: 특정 방식으로 행동하거나 행동하고자 하는 이유, 무언가를 하고자 하는 욕구 또는 의욕

열정: 강렬하고 열렬하게 즐기는 감정, 특정 활동에 대한 강렬한 관심과 즐거움

자기존중: 자신에 대한 자부심과 자신감, 명예와 품위를 지키며 행동하고 있다는 느낌

켈리 이 목록에서 가장 놀라운 자질은 정직, 감사, 열린 마음, 동기부

여, 열정, 자기존중입니다. 정직은 가족과 가까운 친구들과의 관계에서 중요합니다. 그리고 사람들에게 감사함을 표현하는 것이 중요하다고 생각합니다. 저는 다른 사람들과 상호작용할 때 열린 마음을 유지하는 것이 좋다고 믿습니다. 동기 부여는 내가 좋아하는 어떤 일에 몰두하게 해 주기 때문에 중요한 가치입니다. 저는 열정적인 사람이 되고 싶습니다. 마지막으로, 자기존중은 자신감을 유지하고 내가 뭔가(그냥 뭔가가 아니라 많이!) 가치가 있다는 것을 기억하는 데 중요합니다.

가치, 의미, 특성 발견하기

이 두 가지 연습은 자신에게 중요한 것이 무엇인지, 삶의 의미와 목적과 연결된 가치나 특성이 무엇인지 인식하는 데 도움이 됩니다.

이렇게 해 보세요! 존경하는 사람이나 영감을 주는 사람을 떠올려 보세요. 그들은 어떤 자질을 가지고 있나요? 일지에 가능한 한 많은 세부사항을 적어 보세요. 아직 살아 있는 사람일 수도 있고 역사적인 인물일 수도 있습니다.

시원이가 쓴 답변을 살펴봅시다.

저는 축구 코치 선생님을 진심으로 존경하고 높게 평가합니다. 고등학교 1학년 때 대표팀에 뽑히기 위해 대표팀 프리시즌에 참가했습니다. 축구를 시작한 지 몇 년 되지 않았지만 축구를 좋아했고 그해 여름에 많은 훈련을 했었죠. 코치 선생님은 선수들에게 자신을 소개하면서 자신이 가장 중요하게 생각하는 것은 근면과 노력이라고 말했습니다. "재능은 너희들을 여기까지만 데려다줄 뿐이야."라고 코치 선생님이 말했습니다. 첫해에 대표팀에 합류하지는 못했지만, 코치 선생님은 제가 주니어 대표팀에서 뛰는 모습을 지켜보면서 얼마나 열심히 노력하는지 칭찬해 줬어요. 이듬해 대표팀에 합류한 저는 선생님을 코치로 모시게 되어 정말 기뻤습니다. 선생님은 차분하고 헌신적이며 도움이 되는 코치였고, 선수들에게 도전감을 심어 주었죠. 코치 선생님은 선수들의 아이디어에 열린 자세로 팀원 모두가 중요한 사람들이고 그들의 기여가 중요하다고 느끼게 해 줍니다.

이렇게 해 보세요! 친구나 가족들이 둘러앉아 여러분에 대해 이야기하고 있다고 상상해 보세요. 그들이 여러분에 대해 하는 어떤 말을 듣고 싶으신가요? 그들이 여러분의 어떤 자질을 강조해 주길 바라나요? 여러분의 답변을 다이어리에 적어 보세요.

시원이가 쓴 것을 살펴봅시다.

가족들이나 친구들로부터 나와 함께 있으면 즐겁고, 좋고, 대화하기 편하고, 친구들에게 좋은 말을 해 주는 사람이고, 배려하고, 새로운 것을 시도하는 것을 좋아한다는 말을 듣고 싶습니다.

이제 완료한 각 연습 문제에 대해 작성한 내용을 다시 살펴보세요.

이렇게 해 보세요! 친절과 같은 가치는 좋은 말처럼 들리지만, 피동사와 능동사의 차이처럼 행동이 수반되지 않으면 아무런 힘을 갖지 못합니다. 가치 있게 여기는 것을 입증할 수 있는 행동이 필요합니다.

이전 연습에서 작성한 내용을 읽으면서 자신이 파악한 가치나 특성을 살펴보세요. 자신의 가치를 확인한 후에는 각 가치에 대한 행동 의도를 서술하세요.

시원이가 쓴 내용을 살펴봅시다.

평정심, 헌신, 도움, 도전, 성격, 호감, 사려 깊음, 배려, 호기심, 모험심, 친절함

여러분이 확인한 가치 중의 하나가 친절이라면, 다른 사람에게 친절하게 대하는 것이 그 가치를 행동으로 옮기는 방법이라고 말할 수 있습니다. 이제 학교, 친구, 가족, 연인 관계, 직장 등 구체적인 삶의 영역에서 어떻게 친절을 실천할 수 있을지 생각해 보세요. 친절하게 대하는 것을 더 어렵게 만드는 사람이나 상황이 있는지 찾아보세요.

시원이가 친절이라는 가치를 어떻게 실천하고 있는지 살펴봅시다. 일반적으로 시원이는 친절하게 대하기는 쉬웠지만, 자신에게 못되게 구는 사람이나 친구들과 함께 있을 때는 자신의 가치에 반하는 행동을 하는 경향이 있었습니다. 못되게 구는 또래 친구들처럼 자신도 똑같이

행동하는 함정에 빠진다는 것을 알아차렸습니다. 그리고 그 친구들과의 만남과 상호작용이 끝나고 나면, 시원이는 친구들이 자신에게 못되게 대하는 방식과 똑같이 자신도 그들에게 반응했다는 생각이 들면서 기분이 더 나빠졌습니다. 특정 방식으로 행동한 후 기분이 나빠지는 것은 자신의 행동이 가치와 상충된다는 신호일 수 있습니다.

가치를 행동으로 옮기기

가치란 내가 중요하게 생각하는 것과 내가 어떻게 보이고 싶은지를 말합니다. 가치 있는 의도(valued intention)는 가치를 행동으로 옮겼을 때 나타나는 모습입니다. 가치에 따라 행동하는 것은 자존감을 높이고 자기혐오감을 줄이는 데 필수적인 요소 중 하나입니다. 이를 위해서는 연습이 필요하며, 특히 자신에 대한 부정적인 신념을 촉발하는 다른 사람들에 의해 주의가 산만해지거나 방향을 잃을 때 더욱더 연습이 필요합니다. 이러한 상황에서 가장 먼저 떠오르는 자연스러운 본능은 자신을 방어하는 것입니다. 본능적인 감정적 반응에서 가치에 기반한 반응으로 전환하려면 어느 정도 시간과 알아차림이 필요합니다. 습관적인 감정 반응보다 새로운 행동 선택을 강화하는 한 가지 방법은 자신의 경험을 기록하는 것입니다.

앞서 말했듯이, 시원이는 욕설로 보복할 때마다 자신에 대해 더 나쁜 감정을 느꼈습니다. 대신 가치 있는 의도를 가지고 대응했을 때, 친구들이 자신에 대해 잔인한 말을 한 것에 대해 여전히 기분이 나빴지만,

촉발사건에 대한 반응으로 자신이 한 행동 때문에 나중에 더 기분이 나빠지는 것을 막을 수 있다는 것을 알게 되었습니다.

다시 한번 강조하고 싶은 것은 이것이 쉽지 않다는 점입니다. 부정적인 감정에 사로잡힐 때 우리가 하는 자동적인 반응은 자신을 보호하고 그 순간 기분을 좋게 만드는 무언가를 하는 것입니다. 시간이 지나면서 이러한 대응방식은 오히려 기분을 더 나쁘게 만들고 자신에 대한 부정적인 믿음을 강화할 수 있다는 것을 알게 됩니다.

지수의 이야기

이제 지수가 열린 마음이라는 가치를 어떻게 다루고 있는지 살펴봅시다. 지수는 다양한 배경을 가진 사람들이 사는 동네에 살고 있으며, 이러한 다양성은 학교 커뮤니티에도 나타났습니다. 지수의 고등학교 친구들 역시 다양한 배경을 가진 사람들입니다. 학교는 다양성을 소중히 여기고 정체성에 대한 여러 대화를 장려했습니다. 지수는 고등학교 생활에서 이러한 점을 매우 좋아하였고, 다양한 사람들과의 대화에 참여하는 것을 매우 소중하게 생각했습니다. 지수는 다른 사람들의 삶의 경험과 관점에 대해 듣는 데 전념하는 편입니다.

최근 들어, 지수는 정치적 관점이 다른 사람들과 열린 마음을 유지하는 것이 어렵다는 것을 알게 되었습니다. 지수는 다가오는 선거에 출마한 정치인 후보 중 한 명에 대해 열렬한 지지를 하고 있는데, 사람들이 그 후보를 비판하면 입을 닫아 버리곤 했습니다. 최근의 대화에서 지수는 같은 반 친구에게 네가 틀렸어라고 말하며 그 아이가 하는 다른 말은 듣고 싶지 않다고 말했습니다. 그 순간은 그 친구의 입을 막는 것이 기분을 좋게 해 주었습니다. 하지만 결국 지수는 반 친구의 의견에 열린 마음을 갖지 못한 자신에 대해 실망감을 크게 느꼈습니다.

부정적인 상황으로부터 어느 정도 거리를 둘 수 있는 능력이 생기면 자신에게 중요한 것에 더 많은 주의를 기울일 수 있습니다. 여러분의 삶에서 의미를 더할 수 있는 어떤 일을 하고 싶나요? 이것은 시간이 지남에 따라 더 많은 사람과 더 많은 경험을 접하면서 바뀔 것입니다.

켈리 제 친구들과 저는 10대, 특히 10대 후반이 되면서 (적어도 제 경험상) 매일 작은 실존적 위기를 겪는다는 농담을 하곤 합니다. 우울한 순간에는 '내가 이걸 제대로 하고 있는 걸까?', 심지어 '내가 다 잘못하고 있는 것은 아닐까?' 하는 의문이 들기도 합니다. 어떤 수업을 듣고 있는지, 누구와 시간을 보낼지, 여가 시간을 어떻게 보내고 있는지 올바른 선택을 하고 있을까 하는 의문이 들 때가 많습니다. 내가 10대 시절을 최선을 다해 보내고 있는 걸까? 내가 지금 당장 최선을 다하는 것은 어떤 모습일까? 정답은 없지만, 새로운 사람, 기회, 경험에 대해 열린 마음을 가질 때 제 결정에 더 자신감이 생긴다는 것을 알고 있습니다.

어떤 사람들은 이미 어릴 때부터 자신이 무엇을 하고 싶은지, 어떤 사람이 되고 싶은지, 주변 사람들에게 어떤 영향을 주고 싶은지 알고 있습니다. 자신에게 중요한 사람이 누구이고 무엇이 중요한지 파악할 수 있

다면, 중요하게 여기는 가치와 함께 최고의 삶을 사는 데 도움이 되는 지침이 됩니다. 그렇다고 해서 주의가 산만해지거나 자신이 중요하게 여기는 것과 불일치하는 방향으로 행동하지 않는다는 것은 아닙니다. 하지만 최소한, 스스로를 기분 나쁘게 만드는 행동을 할 가능성은 줄어들 것입니다.

외부로부터의 목소리

자신이 중요하게 생각하는 것을 인식하는 것은 도전적인 일이 될 수 있습니다. 대부분의 청소년이 그러하듯이, 여러분도 인생에서 무엇을 해야 할지, 어떻게 성취해야 할지, 어떻게 해야 할지, 혹은 다른 친구들에 비해 뭘 잘할 수 있을지 등 여러 가지 충고, 기대, 요구 등 다양한 목소리를 듣게 될 것입니다. 이러한 목소리는 부모, 선생님, 코치, 또래 친구, 대중문화에서 비롯될 수 있습니다. 이러한 모든 잡음은 자신이 진정으로 하고 싶은 일, 자신에게 중요한 일이 무엇인지 파악하는 데 방해가 될 수 있습니다.

어떻게 다른 사람들의 목소리를 줄이고 자신이 관심 있는 일이나 원하는 일에 집중할 수 있었는지 10대들의 이야기를 들어 보겠습니다.

윤서: 부모의 압력

윤서는 겉모습이 무엇보다 중요하다고 믿으며 자랐습니다. 어렸을 때는 아빠가 딸을 위해 좋은 교육을 시켜 주고 싶어 한다고 생각했지만, 점차 나이가 들면서 아버지가 명성을 더 중요하게 생각한다는 것을 알게 되었습니다. 아버지는 딸이 무엇을 배우는지, 딸이 얼마나 행복한지보다 학교 레벨, 학교 관련 명성을 더 중요하게 생각한다는 것을 알았습니다. 윤서는 아버지의 기대에 순응하려고 노력했습니다. 어느 날 아빠가 자신에 대해 말하는 것을 우연히 들었는데, 아빠는 윤서 그 자체에 대해 말하는 것이 아니라 윤서가 다니는 학교에 대해 자랑하고 있다는 생각이 들었습니다. "윤서는 명문외고를 졸업하고, S대를 다녀요." 아빠에게는 좋은 학교에 다닌다는 사실이 중요했고 윤서가 다른 사람들보다 우수하고 그런 딸을 둔 아빠로서 우쭐해하고 으쓱해한다는 점을 알게 되었습니다. 윤서는 순간 중요한 뭔가 빠져 있다는 느낌이 들었고 불안하고 우울한 기분이 들었지만, 아빠가 원하고 기대한 모습과 자신의 이미지가 맞지 않다는 느낌을 감히 표현할 수 없었습니다. 아빠가 원하는 완벽한 이미지를 유지해야 한다는 심적 압박감 때문에 윤서는 완벽하지 않은 자기의 일부분을 드러내는 것이 두려웠고 친구들과도 친밀한 관계를 맺지 못했습니다. 대학교 1학년이 끝날 무렵, 윤서는 학교를 자퇴했습니다.

윤서는 자신의 가치를 탐구하고 자각할 기회를 갖지 못했습니다. 윤서는 아버지를 기쁘게 해 드리느라 너무 소진되었고 더 이상 아무것도 할 수 없을 지경에 이르렀습니다. 다른 사람이 원하는 사람이 되고자 애쓰고 다른 사람을 기쁘게 하는 데 집중하다 보면 자신이 원하는 것을 놓칠 수 있습니다. 부모님이나 다른 사람들이 여러분에게 거는 목표나 기대 때문에 마음이 어수선한 느낌이 드나요?

도현: 또래 압력

도현이는 체육 중점 고등학교에 다녔습니다. 수영에 재능이 있는 도현이는 2학년 때 팀 주장으로 뽑혔습니다. 팀원 대부분이 대학에서 수영을 전공할 계획이었고, 도현이의 다른 친구들도 다양한 종목으로 대학에 지원 중이었습니다. 도현이는 수영을 좋아하고 고등학교 시절 대회에서 좋은 성적을 거둔 것을 자랑스러워했지만, 더 높은 수준의 대회에서 계속 경쟁하기는 싫었습니다. 도현이는 자신이 대학에서 무엇을 원하는지 확신할 수 없었고, 시간을 들여서라도 자신에게 가장 적합한 것이 무엇인지 알아볼 기회를 갖고 싶었습니다. 지금까지 해 오던 운동보다는 뭔가 다른 것을 해 보고 싶은 마음이 들었습니다. 팀 동료들과 친구들, 심지어 코치들까지 수영을 계속하지 않는다면 인생에서 큰 실수를 하는 것이라고 말했습니다. 팀 동료들은 도현이에게 일생일대의 기회를 놓치게 될 것이라고 말했습니다. 도현이의 코치는 대표팀 선수로 좋은 대학에 진학하면 장학금의 일부 또는 전액을 받을 수 있을 거라고 말했습니다. 이런 말을 듣자 도현이는 체육 장학금을 받지 못하는 것이 이기적이고 어리석은 일은 아닌지 고민하게 되었습니다. 체육 대학에 간다면 부모님이 등록금 마련에 애쓰지 않아도 되고 대출을 받지 않아도 되기 때문입니다.

하지만 도현이는 대학에서 수영을 전공으로 커리어를 쌓고 싶지 않았습니다. 도현이는 대학에서 다른 관심사를 탐색하고 싶었고, 대학에서 수영팀에 있으면 그럴 시간이 없다고 생각했습니다. 수영은 그에게는 열정적인 어떤 것이었지만 그렇다고 인생에서 가장 중요한 것은 아니라는 판단이 들었습니다. 주변에 있는 모든 사람의 조언을 고려해 봤지만 자신의 판단과 느낌을 믿었고, 결국 다른 누구도 아닌 자신의 선택이 중요하다는 것을 다시금 깨달았습니다.

이렇게 해 보세요! 다른 사람의 영향과 기대로 인해 자주 정신이 산만해지나요?

내 인생에 대한 선택에 영향을 미치려고 하는 사람들에 대해 다이어리에 적어 보세요. 여러분이 추구하고 싶은 가치와 관심사에 잠재적으로 방해가 되는 사람은 누구 또는 무엇일까요? 가치를 추구하는 데 방해하는 사람이나 그 무엇을 파악했다면 그것을 알아차리고 방해 요인으로부터 주의를 돌리세요. 그러면 가치 중심적인 행동을 선택하기가 더 쉬워집니다.

켈리 제 주변의 많은 사람이 제 인생에서 무엇을 해야 할지 조언을 하려고 합니다. 저는 어떤 선택을 할 때 가족과 친한 친구들의 의견에 귀를 기울이는 편이에요. 그 사람들은 저를 아끼기 때문에 좋은 마음으로 조언을 해 준다는 것을 알고 있습니다. 또한 친구들의 조언은 제가 무엇에 관심이 있는지 잘 알고 있기 때문이라는 사실을 알고 있습니다. 저는 주변인들의 조언에 고마움을 느끼고 있고 그 조언을 비록 따르지 않더라도 그들의 의견에 열린 자세를 유지하려고 노력합니다. 그러면서도 저는 친한 친구나 가족 이외의 사람들이 하는 말에 휘둘리지 않으려고 노력합니다. 때때로 다른 또래 친구나 어른들이 좋은

조언을 해 줄 때도 있지만, 그 사람들은 저를 잘 모르기 때문에 그런 조언들이 제가 중요하게 생각하는 가치와 제가 원하는 것에 멀어지게 할 수 있으니까요.

내면의 목소리

자신에 대해 좋은 느낌을 갖는 것은 대부분 내면에서 일어나는 일입니다. 즉, 자신에게 중요한 것이 무엇이고 어떻게 보이고 싶은지에 집중할 필요가 있다는 의미입니다. 대중문화와 소셜 미디어에서 받는 메시지는 주로 겉으로 보이는 모습에 초점을 맞추고 있습니다. 이러한 메시지는 자신이 더 중요하게 여기는 핵심적인 측면에 집중하는 데 방해가 됩니다. 외모에 얽매이거나 장기적으로는 만족감이나 자존감 향상을 가져다주지 않는 어떤 활동에 집중하게 될 수도 있습니다. 순간 기분이 좋아질 수 있으나 지속되지는 않습니다. 소셜 미디어에서 자신에 대해 (상대적으로) 기분이 좋아지는 무언가를 볼 수도 있고, 무언가를 게시하고 '좋아요'를 많이 받아 기분이 좋아질 수도 있습니다. 하지만 두어 시간 후에는 자신에 대해 기분이 나빠지는 것을 경험할 수도 있습니다. 마치 사탕을 먹고 당이 높아져서 순간 기분이 좋아지지만, 애석하게도 얼마 지나지 않아 금방 무너지는 것과 비슷합니다. 당을 충전해서 기분이 더 좋게 느껴지도록 할 필요가 있겠지만, 이렇게 해서 기분을 좋게 하는 것은 순간적이고 이내 다시 나빠지는 중독의 악순환에 빠질 수 있습니다. 그렇다고 해서 인생의 모든 일시적인 즐거움, 즉 단맛을 제거해야 한다는 의미는 아닙니다. 단맛에 노출되었을 때 중독에 더 취약하다는 것을 알고 있다면 단맛을 객관적으로 바라보고 소비를 제한해야 한다는 뜻입니다. 소셜 미디어는 우리의 가치와 연결된 목표에서 멀어지게 하는 거짓 성취감을 만들어 낼 수 있습니다. 장기적인 성취감과 더 크고 안정적인 자존감을 얻으려면 다른 사람과의 연결감, 의미, 목적, 가치, 우리 자신 외부의 무언가에 대한 믿음을 찾아야 합니다.

수지의 이야기

수지는 학교에서 친한 친구 몇 명과 말다툼을 벌였는데, 친구들이 모두 자신을 배척하는 느낌이 들었습니다. 친구들은 단체 채팅에 문자를 더 이상 올리지 않았고, 수지는 친구들이 자신을 따돌리고 새로운 채팅방에서 글을 올리고 있다는 생각이 들었습니다. 수지는 이에 대한 반감으로 인스타그램에 다른 친구들과 함께 찍은 사진을 올리기로 결심했습니다. 수지가 첫 게시물을 올렸을 때는 기분이 좋았습니다. 그리고 곧 '좋아요'가 많이 달리는 것을 보면서 따돌렸던 친구들이 게시물을 보고 자신을 그리워할 것이라고 상상했습니다. 그러나 그 친구들이 아무런 반응을 보내지 않자 이내 기분이 나빠졌고 자신도 그 친구들과 똑같은 수준으로 행동한 것에 대해 마음이 상했고 심지어 그 친구들에 대해 더 반감이 느껴졌습니다.

켈리 기분이 우울할 때마다 기분을 좋게 만들기 위해 할 수 있는 구체적인 방법이 있다는 것을 알고 있습니다. 그보다 더 중요한 것은, 기분을 훨씬 더 나쁘게 만드는 구체적인 일들이 있다는 것입니다. 때때로 자기파괴적인 행동에 빠지기 쉽습니다. 외로움을 느낄 때 저는 페이스북과 인스타그램을 스크롤하며 친구들의 사진과 상태를 살펴봅니다. 처음에는 재미있지만, 곧이어 다른 애들이 나보다 더 즐거운 시간을 보내고 있다고 생각하면 슬퍼지기 시작합니다. 그래서 슬프거나 우울한 기분이 들면 소셜 미디어에 접속하지 않으려고 노력해요. 대신 친한 친구나 부모님, 형제 중 즐겁게 이야기할 수 있는 사람에게 전화를 걸어요. 이렇게 하면 제가 사랑하는 사람, 저를 사랑하는 사람과 의미 있는 대화를 나눌 수 있습니다. 이렇게 하면 소셜 미디어를 보면서 시간을 보낼 때보다 보다 더 좋은 기분을 느끼게 됩니다.

앞의 글을 읽어 보면 일시적으로 주의를 전환하는 것이 어떻게 우리의 자존감에 부정적인 영향을 미치는지 알 수 있습니다. 다른 사람과 끊임없이 자신을 비교한다면 롤러코스터를 타는 것과 같습니다. 그리고 다른 사람에게 나쁜 일이 생기면 일시적으로 기분이 좋아지는 일종의 뒤틀린 통쾌함(perverse delight)을 느끼는 자신을 발견하기도 합니다. 궁극적으로 우리는 기분을 좋게 만들어 주는, 즉 자신의 가치에 관심과 에너지를 집중하지 않기 때문에 자신을 더 나쁘게 느끼게 됩니다.

이렇게 해 보세요! 시간이 지남에 따라 자신에 대한 기분을 나쁘게 만드는 경향이 있거나 기분이 우울할 때 기분을 좋게 만드는 데 효과적이지 않은 활동 목록을 작성해 보세요. 이 목록을 작성한 후에는 기분을 좋게 만드는 활동(예: 친한 친구나 가족과의 전화 통화, 자원봉사, 운동) 목록을 작성하세요. 기분이 우울할 때 이 목록을 참고하면 도움이 되는 선택을 할 수 있습니다. 자신이 소중하게 여기는 가치에 기반을 둔 선택은 당장 기분이 좋아지게 하지는 않겠지만, 장기적으로는 기분이 더 나빠지는 것을 방지하고 기분을 더 좋게 만들 것입니다.

가치와 성품에 연결, 재연결하기

자신의 성품과 가치, 즉 자신이 어떻게 행동하고 싶은지, 다른 사람들에게 어떻게 인식되고 경험되기를 바라는지에 집중하면 자존감이 높아지고 안정될 수 있습니다. 그렇다고 해서 부정적인 생각이나 감정을 경험하지 않거나 자신이 중요하게 여기는 가치나 신념과 맞지 않는 방식으로 행동하지 않는다는 것은 아닙니다. 하지만 연습을 통해 자신의 삶에 의미와 실체를 가져다주는 어떤 자질, 의도와 다시 연결되고 방향을 다잡을 수 있을 것입니다.

여러분이 식별한 중요한 가치는 시간이 지남에 따라 바뀔 수 있습니다. 더 많은 경험을 하고 자신과 타인, 그리고 세상을 바라보는 관점이 더 넓어지면 새로운 관점과 목표를 조정하고 수용할 수 있습니다. 가치를 자주 인식하면 (무엇이 효과가 있고 무엇이 효과가 없는지) 재평가하고 (현재 자신에게 더 중요한 것이 무엇인지) 우선순위를 재조정할 수 있는 기회를 가질 수 있습니다.

켈리 지금은 제 인생에서 끊임없이 변화하고 있다고 느끼는 시기입니다. 대학에서는 한 번도 배워 본 적도 없고 생각해 본 적도 없는 주제에 대한 수업을 듣고 있습니다. 한 학기 동안 특정 이슈나 주제에 대한 제 관점이 완전히 바뀔 수도 있습니다. 대학에 들어왔을 때 저는 아이들과 함께 일하는 것을 좋아한다는 것을 알았습니다. 고등학교 내내 초등학생을 위한 방과 후 프로그램에서 자원봉사자로 활동했고, 캠프 카운슬러로 두 번의 멋진 여름을 보냈죠. 대학에 와서 청소년을 대상으로 하는 몇몇 단체에서 자원봉사를 시작했어요. 하지만 교육 및 교육 정의에 관한 수업을 듣기 시작하면서부터 교육에 대한 관심이 커지기 시작했습니다. 특히 인상 깊었던 한 수업을 듣고 나서 제가 진정으로 교육을 소중히 여긴다는 것을 깨달았고, 교육 분야에서 경력을 쌓고 싶었습니다. 이 분야에 관심이 많다는 것을 알게 된 후 다른 과외 활동을 줄이고 수업 외의 모든 시간을 봉사활동에 집중했습니다. 지금은 일주일에 많은 시간을 학생들과 함께 일하거나 지역 공립학교 학생들을 지원하는 활동을 하고 있습니다.

정리하기

도움이 되지 않는 행동을 바꾸려면 자신의 가치를 파악하고 실천하는 것이 중요합니다. 자신의 가치에 따라 행동하면 행복감과 자존감을 높이는 방식으로 행동하게 됩니다. 이와 반대로 촉발 자극과 관련된 부정적인 생각과 감정에 반응하면 결국 인간관계가 악화되고 자신에 대한 기분도 나빠집니다. 처음에는 자신의 가치에 따라 행동하는 것이 어렵게 느껴질 수 있습니다. 연습을 하고 시간이 지날수록 도움이 되지 않는 자동적인 행동을 가치 중심적인 행동으로 대체할 수 있습니다. 그동안 가치 목록을 가치로운 의도(행동)와 함께 잘 보관해 두었다가 상기시켜야 할 때 '커닝페이퍼'로 활용하세요.

04

자신과 타인 연결하기

이전 장에서 논의했듯이, 우리는 가끔 자신을 다른 사람과 비교하거나 경우에 따라서는 다른 사람과 그들의 성취를 깎아내리면서 자기 기분을 좋게 만들려고 합니다. 이것은 자기가치와 자기수용을 증진시키는 데 효과적이거나 신뢰할 만한 해결책은 아닙니다. 대신, 광범위한 연구에 따르면 자존감을 높이는 일관된 방법은 자기연민(self-compassion)을 실천하는 것입니다. 자기연민이란 실수를 하더라도 가장 친한 친구를 대하듯이 자신을 대하는 것을 말합니다! 다행히도 여러분은 친구나 사랑하는 사람이 실망스러운 일을 겪고 자기비난에 빠져 있을 때 그들의 기분을 좋게 만들어 준 경험이 있기 때문에 누군가와 함께 하는 방법을 이미 알고 있을 것입니다. 하지만 안타깝게도 우리 대부분은 자신에게는 이 방법을 사용해 본 경험이 많지 않습니다.

자기연민 대 내면의 비판자

자기연민은 실천하기 어려울 수 있습니다. 여러분은 그간 다른 사람에게 보이기 싫거나 부끄러운 자기 모습을 숨기려고 애쓴 적이 많을 것입니다. 그리고 대부분의 사람이 그렇듯이, 여러분도 자기 자신, 자기가 겪은 어려움을 어루만져 주고 기분을 좋게 해 주려는 친절한 목소리보다는 내면의 비판자가 동행하는 삶을 살아왔을 것입니다. 내면의 비판자가 스트레스와 불안을 대변한다고 생각해 보세요. 반대로 자기연민은 우리가 보살핌을 받을 때 분비되는 옥시토신과 기타 '기분을 좋게 하는' 호르몬을 분비합니다. 자기연민은 실수를 했을 때 자신에 대해 더 나은 기분을 느끼게 해 줍니다. 하지만 내면의 비판자는 이때 기분을 더 나쁘게 만듭니다.

내면의 비판자 다루기

많은 사람처럼 여러분도 내면의 비판자라는 이름의 끊임없는 동반자를 가지고 있습니다. 내면의 비판자가 일부러 나타나는 경우는 드물지만 대개 불완전함, 실수, 실책을 부각시키기 위해 나타납니다. 내면의 비판자는 자신에 대한 부정적인 믿음을 이야기하는 화자(narrator)와 같습니다. 그리고 그 비판자는 여러분을 비판하거나 잔인한 말을 걸기도 합니다. 내면의 비판자는 과거에 겪은 부정적인 경험을 생생하게 간직하고 현재와 미래의 경험의 결과를 예측하는 데 이용합니다.

이렇게 해 보세요! 어떤 사람이나 상황, 사건에 의해 자극을 받을 때 떠오르는 부정적인 표현을 적어 보세요. 2장에서 파악한 스트레스를 촉발하는 사람들의 유형을 참고할 수 있습니다. 자신에 대한 부정적인 믿음과 함께 스트레스 촉발상황에 대한 설명을 다이어리에 적으세요. 가능한 한 구체적으로 적으세요.

아형이의 이야기

저는 취약계층 대학생[1)]입니다. 저와 같은 취약계층 대학생을 위한 강력한 지원 네트워크가 있는 대학에 다니고 있습니다. 저와 같은 상황에 처한 어른들과 선배들로부터 조언을 얻을 수 있고, 대화할 수 있는 또래 그룹도 있습니다. 하지만 가끔은 강의실에서 대화를 나눌 때나 사회적 관계에서 여전히 고립감을 느낄 때가 있습니다. 예를 들어, 최근에 학교 기숙사의 같은 층 학생들이 휴게실에서 어울리고 있었습니다. 제가 들어갔을 때 그들은 한창 대화를 나누고 있었어요. 그러더니 갑자기 대화를 멈췄습니다. 저는 불편한 기분이 들었습니다. 그래서 제가 들어갔을 때 왜 대화를 멈췄는지 물어보기로 했습니다. 그들은 자신들이 다녔던 사립 기숙학교의 전통에 대해 이야기하고 있었는데, 제가 소외감을 느낄까 봐 저를 보자마자 대화를 멈추었고 제가 참여할 수 있는 다른 주제로 바꾸려고 했다고 말했습니다. 물론 저를 배려해서 한 행동이라는 것을 이해하지만 기분이 나빴어요. 제가 그 친구들이 나온 고등학교 경험을 공유할 수는 없어도, 그 애들이 나누는 대화에는 참여할 수는 있다고 생각하니까요. 제가 나타나면 어색함을 느끼고 그 아이들이 저에게 말하지 않는 또 다른 것이 무엇인지 궁금해졌습니다.

아형이에게 떠오르는 부정적인 생각은 다음과 같습니다.

---

1) 역자 주: 부모가 대학 학위가 없고, 집안에서 처음 대학에 들어가는 자녀. 문화적, 인종적, 경제적으로 취약한 계층

> "나는 뭔가 부족한 거 같고, 다른 학생들은 나보다 더 교양 있고, 더 똑똑하고, 나는 여기 있을 자격이 없는 거 같아."

누구나 살면서 비판을 받아 본 경험이 있을 것입니다. 그리고 어쩌면 여러분은 가까운 사람들로부터 연민 어린 대우를 받지 못했을 수도 있습니다. 따라서 여러분이 연민이 아닌 비판을 모델링하는 것은 당연합니다. 비판은 닫힌 마음의 표현이고 연민은 열린 마음의 표현이라고 생각할 수 있습니다. 닫힌 마음에서 열린 마음으로 전환하는 것은 어려운 일입니다. 여러분은 성장하면서 스스로를 보호하는 데 익숙해졌기 때문에 열린 마음을 갖는 과정이 어렵게 느껴지고 저항하고 싶은 마음이 드는 것은 당연합니다.

누구나 항상 열린 마음을 갖기는 어렵습니다. 마음은 경험에 따라 열리기도 하고 닫히기도 합니다. 그래서 부정적인 신념이 촉발되지 않을 때 열린 마음을 갖는 연습을 하기가 더 쉽게 여겨집니다. 이때는 자신을 보호해야 할 필요성을 느끼지 않게 될 것입니다. 그러나 부정적인 신념이 촉발될 때는 스스로 더 취약해진 느낌을 갖게 됩니다. 안타깝게도 부정적인 신념과 경험으로 인해 자신을 끊임없이 보호해야 한다고 느끼기 때문입니다. 보호 반응은 일시적으로 기분을 좋게 할 수는 있지만, 가치에 맞는 방향으로 여러분을 움직이지는 못합니다. 그러나 연민 어린 마음으로 자신의 어려움을 대한다면 여러분은 자신이 고통받고 있고 현재 상황에 대처하기 위해 최선을 다하고 있다는 사실을 친절하게 인정하는 것입니다. 흔히 스트레스를 유발하는 상황에 처할 때 우리가 하는 반응은 너무 자동적이고 의식 밖에서 일어나기 때문에 자신이 고통받고 있다는 사실을 모릅니다. 또는 자신이 힘들다는 것을 어렴풋이 알고 있더라도 자기비판이 생겨 심적 어려움을 마주하기 어렵습니다.

이제 자기연민에 뿌리를 둔 접근 방식을 통해 유발 상황과 잠재된 부정적인 말을 어떻게 바꿀 수 있는지 살펴봅시다.

자기연민 개발하기

아형이의 예를 통해, 내면의 비판자 때문에 그간 무시되었던 자신의 긍정적인 자질에 초점을 두고 동시에 자기연민 접근법을 통해 자기 경험에 대한 관점을 어떻게 변화시킬 수 있는지 보여 드리겠습니다.

자기연민에 접근하는 한 가지 방법은 자산(asset) 기반 사고입니다. 자산 기반 접근법은 어려움이나 장애물에 직면했을 때 자신의 목표와 자신이 가진 자원에 집중하게 해 줍니다. 그렇다고 해서 상황의 단점이나 부정적인 측면을 무시하라는 뜻은 아닙니다. 해결책을 찾고 앞으로 나아가기 위해 잘못된 것을 고치려고 하기보다는 이미 존재하는 자산, 즉 자기 안에 있는 강점을 구축하는 데 집중합니다. 자산 기반 사고방식은 모든 상황과 모든 사람은 고유한 가치를 지니고 있으며, 여기에는 여러분도 포함된다는 사실을 인식하는 것을 의미합니다.

위 이야기에서 아형이는 가끔 사회경제적 배경이 더 높거나 더 많은 문화적 경험을 한 또래 친구들보다 열등감을 느낀다고 표현했습니다. 아형이는 다른 친구들과는 근본적으로 다른 경험을 가지고 있기 때문에 어떤 대화에 참여할 수 없다고 느낍니다. 자기연민을 갖기 위해서는 다른 친구들과 비교하며 자신이 가진 결함에 집중하기보다는, 친구들과의 대화에서 자신의 색다른 배경이 어떻게 독특한 이야기를 보탤 수 있을지 탐색하는 것이 도움이 됩니다. 아형이가 자기 경험을 나눌 수 있는 권한이 있다고 느끼고 자신도 대화의 소중한 구성원이라고 느낄 수 있습니다. 또한 아형이가 또래들과 대화하면서 어떤 부분에서는 도움을 줄 수도 있고 또래들 역시 아형이의 삶과 경험에 대해 배울 수도 있습니다. 아형이는 '나는 가치가 있다. 나는 중요하다. 내 경험은 흥미롭고 중요하다. 내 또래들은 내 이야기를 듣고 싶어 한다.'라고 속으로 생각합니다.

이렇게 해 보세요! 이제 사례를 읽었으니, 이전 연습 상황과 문장을 바탕으로 자기연민을 불러일으키는 진술문을 추가해 보세요. 이 과정이 어렵다면, 친한 친구에게 하듯이 상황의 모든 면을 고려하면서 기분을 더 좋게 느끼게 하는 자기연민 문구를 생각해 보세요.

연결감 찾기

가끔 자신에 대해 느끼는 감정이 우리를 더 외롭고 쓸쓸하게 만듭니다. 이 때문에 자신의 일부를 숨기게 되고, 점점 고립감에 빠질 수 있습니다. 자신에 대한 부정적인 믿음 때문에 어려움을 겪는 10대들이 자주 하는 말 중 일부는 다음과 같습니다. "내 신념에 갇혀 너무 외로워요." "나는 외계인 같아요." "아무도 내 기분을 이해할 수 없는 것 같아요." "외롭고, 동떨어져 있고, 나만 다른 사람 같고, 아웃사이더 같아요." 약점이 드러날 것에 대한 두려움을 갖게 되면 자기비난과 판단으로 이어집니다. 이런 생각은 우리를 다른 사람들과 더 멀어지게 하고, 경험을 왜곡해서 지각하게 만듭니다. 다른 사람들과 거리를 두게 되면 그 사람의 경험에 대해 피상적인 면만 보고 관찰할 수밖에 없습니다. 그렇게 되면 타인 및 타인의 삶이 나 자신 그리고 나의 삶보다 더 완벽하다는 결론에 쉽게 빠지게 됩니다. 이렇게 되면 결함과 결점이 많고 무가치한 사람으로 비춰지지 않으려고 타인을 멀리하거나 더 많은 거리를 만들고 싶은 충동, 필요 또는 욕구가 생깁니다.

이제 다른 사람들과 더 많이 연결되어 있다고 느낄 수 있는 방법을 살펴봅시다.

흔히 일어나는 힘겨루기

여러분이나 상대방이 겪고 있는 어려움에 대해 마음을 열었을 때, 두 사람이 더 가까워졌던 때가 기억납니까? 아니면 이전에는 느끼지 못했던 유대감을 느꼈나요? 다이어리에 적어 보세요.

혜지의 경험

저는 남자친구인 준영이와 사귄 지 몇 달 되지 않았지만 중학교 때부터 알고 지낸 사이였습니다. 고등학교 때 우리는 같은 친구 그룹에 속하게 되었습니다. 친구들은 우리랑 학교 안팎에서 항상 함께 어울렸어요. 예전부터 준영이와의 관계가 뭔가 미묘한 느낌이 있었지만 고등학교 1학년이 되면서 공식적으로 사귀기 시작했습니다. 제 인생에서 가장 행복한 순간이었고 우리는 서로를 진심으로 아끼고 함께 즐거운 시간을 보냈어요.

한 달쯤 되었을 때 우리가 너무 많은 시간을 함께 보내다 보니 다른 친구, 가족을 포함한 다른 사람들과 함께할 시간이 없다는 것을 깨닫기 시작했습니다. 함께 시간을 보내는 것이 싫은 것이 아니라 다른 사람과 함께할 시간이 없는 것처럼 느껴졌기 때문에 준영이에게 제 감정을 어떻게 설명해야 할지 몰랐어요. 주변 친구들이 대부분 우리 둘 다의 친구들이기도 했기 때문에 그 아이들이 이상한 입장에 처할 것 같아서 친구들에게도 얘기하고 싶지 않았어요. 그래서 토론 팀에서 친하게 지내던 민영이라는 여자애한테 마음을 털어놓았죠. 민영이는 매우 다정하고 성격이 좋아서 제 이야기를 기꺼이 들어주고 도움을 줄 수 있을 거라고 생각했어요. 민영이는 제가 마음을 열어 줘서 고맙다고 말했고, 제가 자신을 믿을 수 있어서 행복하다고 말했습니다. 민영이는 저를 매우 지지해 주었고, 제가 준영이에게 제 걱정을 털어놓을 수 있는 방법을 함께 생각해 보자고 했고 저와 함께한 시간이 즐거웠다고 표현했습니다. 저는 문제를 해결하는 방법에 대해 자신감을 갖게 되었고, 민영이와 더 깊은 수준에서 소통할 수 있었다는 사실에 흥분하며 대화를 끝냈습니다.

누구나 고통을 겪는다

비슷한 경험을 한 적이 있다면, 아마 다른 사람과 더 깊이 연결되는 느낌과 자신이 취약해진 느낌이 생기는 등 복잡한 감정을 느낀 순간이 있었을 것입니다. 누군가가 나를 봐주고 이해해 주는 느낌이 들면서도 동시에 이렇게 내 이야기를 하는 것이 언젠가 나에게 상처로 돌아오거나 나를 조롱하거나 나의 약점이 남들에게 알려지는 것은 아닐까 하는 두려움도 있을 것입니다. 마음을 열고 싶은 느낌도 들고 다시 닫고 싶은 충동을 느낄 수도 있습니다. 용기를 낸 자신이 자랑스러우면서도, 동시에 어리석은 자신을 비판하기도 합니다. 이러한 생각, 감정, 경험은 모두 자연스러운 것입니다.

자신의 경험을 다른 사람들과 공유하면 다른 사람들도 자신의 경험을 여러분과 공유하게 됩니다. 이러한 상호교류는 인류 공통의 연민이라는 측면을 이해하는 데 도움이 됩니다. 부정적인 감정을 경험하고 삶의 어려움에 압도당하는 등 고통을 겪을 때, 시야는 우리가 경험한 것과 자신에만 집중하기 때문에 시야가 매우 좁아집니다. 폭풍의 '나'에 갇혀 모든 사람이 고통받고 있다는 것을 보지 못합니다. 모든 인간은 고통을 겪습니다. 우리 모두는 취약하고, 언젠가는 죽을 존재이며, 완벽한 결함이 있습니다. 자기연민을 기를 때 중요한 것은 우리 모두가 고통을 겪고 있고, 개인적인 부적절함과 결함을 가지고 있으며, 이것이 인간이 공유하는 경험의 일부라는 사실을 인식하는 것입니다. 이는 '나'만의 문제가 아니라 '우리'의 문제라는 것입니다. 지구상의 모든 사람이 공통적으로 겪는 문제입니다. 겉모습은 다를지 몰라도 고통은 존재합니다.

먼저, 고통을 자각해야 합니다. 2장과 3장을 읽고 연습을 완료한 후에는 더 많은 것을 알아차릴 수 있을 것입니다. 그러나 고통을 알아차리는 것이 자신을 나약하게 만들지 모른다는 걱정 때문에 저항하고 있을 수도 있습니다. 연민이라는 개념을 먼저 알고 시작해야만 다음 활동에 참여할 수 있습니다. 자기연민은 다른 사람의 고통을 인식하고, 그들이 고통에서 벗어나기를 바라며, 그들의 고통을 덜어 주고자 하는 동기를 갖게 합니다. 진정으로 연민을 가질 때, 취약해지고 열려 있는 마음이 되고, 다른 사람들이 여러분의 고통을 볼 수 있도록 허용합니다. 이것이 여러분이 다른 사람들과 연결되는 방법입니다.

고통과 연결되다 보면 감정이 격해지는 것을 경험할 수 있습니다. 이것이 정상적인 반응이기는 하지만, 매우 불편하고 견디기 어려울 수도 있습니다. 만일 큰 어려움을 겪고 있다면 부모, 친구, 코치, 교사, 학교 카운슬러 등 지원 시스템에 도움을 요청하세요.

민구의 이야기

민구의 부모님은 사람들에게 약점을 보이지 말고 '침착하게' 행동하라고 늘 압박을 주곤 했습니다. 민구의 아버지는 남자아이는 화가 났을 때 그것을 드러내면 안 된다고 말했습니다. 민구는 학교에서 성취도가 높은 학생이었고 친구도 많았기 때문에 숨겨야 할 약점이 많다고 생각하지 않았습니다. 하지만 민구는 힘든 감정이 생기면 그냥 삼키고 강한 척하면 된다고 생각했습니다. 결국 민구는 힘든 감정이 생겨도 인정하지 않고 아예 무시해 버렸습니다.

최근 민구의 삼촌이 교통사고로 사망했습니다. 오랫동안 자신의 감정을 제대로 느끼지 못했던 민구는 가족을 잃은 엄청난 슬픔을 알아차렸을 때 정말 가슴이 미어지고 고통스러웠습니다. 민구는 혼자서 자신의 감정을 어떻게 다스려야 할지 몰랐습니다.

친구 중 한 명인 윤수는 민구가 매우 슬퍼하는 것을 알아차리고 민구에게 괜찮은지 물었습니다. 민구는 상실감을 나누었고 자신의 감정에 대해 이야기했습니다. 윤수는 민구의 고통을 인정하고 자기가 겪은 상실과 그로 인한 압도적인 감정 경험을 공유하면서 연민 어린 태도로 민구에게 반응했습니다. 민구는 자신이 느끼는 고통이 혼자가 아니라는 것을 알게 되었습니다. 민구는 자신의 경험을 친구와 공유했고, 그 친구도 자신의 경험을 민구라는 친구와 공유함으로써 연민이 무엇인지 알게 되었습니다. 윤수가 민구를 대하는 것처럼 민구가 자신을 대한다면 자기연민을 실천하고 있는 것입니다.

다른 사람에게 베푸는 것과 같은 따뜻함, 이해심, 배려심으로 자신을 대하고, 다른 사람도 여러분에게 비슷한 마음으로 베푸는 것을 상상할 수 있나요? 만일 그렇다면 연민에 접근하고 그 연민을 자신에게 되돌릴 수 있는 좋은 방법입니다.

자신의 사랑스럽지 않은 부분을 대하기

친절하고 사랑스러운 목소리로 자신에게 말하는 것은 상상하기 어렵기 때문에 처음에는 자기연민 연습이 어색할 수 있습니다. 특히 다른 사람에게 숨기고 싶은 자신의 모습, 자신도 인정하기 어려운 싫은 모습, 받아들이기 어려운 감정에 대해서는 더욱 그럴 것입니다. 누구나 자신이 피하고 싶은 것을 마주할 때 어려움을 느낍니다.

샤론 살츠버그가 자신의 저서 『자애 명상: 행복에 대한 혁명적인 기술』에서 소개한 이 명상법이 훌륭한 이유가 바로 이것입니다. 샤론은 '자신의 어려운 측면'을 대상으로 하는 대안적인 명상 연습을 소개합니다. 이 연습을 통해 여러분은 자신과 자신의 어려움에 맞는 자애 명상을 계발할 수 있습니다.

이렇게 해 보세요! 2장에서는 자신의 신념, 촉발자극, 결과적으로는 도움이 되지 않는 행동을 파악했고, 3장에서는 자신에게 소중한 가치를 파악했습니다. 각 장에서 완료한 연습을 복습하면서 스스로 어려움을 겪고 있는 측면을 찾아 목록을 작성하세요. 목록을 완성한 후에는 자신의 어려운 측면 네 가지를 골라 번호가 매겨진 목록에 적습니다. 그런 다음, '내가…'로 시작하는 목표 문구를 각각 하나씩 작성하세요. 이 문구는 자신의 어려움과 연결되게 해 줍니다.

다음은 자애(loving-kindness)명상의 예입니다.

나 자신의 어려운 측면

1. 나의 분노
2. 실패에 대한 두려움
3. 다른 사람들이 나를 어떻게 보는지에 대한 불안감
4. 나의 비판적인 자아

나 자신의 어려운 측면에 대한 열망적인 문구

1. (내가) 자애로운 마음으로 살기를
2. (내가) 두려움으로부터 자유로워지기를
3. (내가) 나의 긍정적인 성품을 즐기게 되기를
4. (내가) 더 많이 용서하고 긍정적인 마음을 유지하게 되기를

하루에 한 번 이상 자애명상을 실천하되, 자신에게 가장 적합한 시간을 선택하세요. 하루의 기분을 전환하고 싶다면 아침에, 하루를 기분 좋게 마무리하고 싶다면 잠들기 전 밤에 하는 것이 좋습니다.

자신의 일부분을 공유하기

『10대를 위한 커뮤니케이션 스킬』이라는 책에서 다른 사람들이 나를 알아 가는 과정과 자기 공개를 통해 얻을 수 있는 보상에 대해 이야기했습니다. 우리는 다른 사람들과 더 많이 소통할수록 우리 자신에 대해 더 좋은 느낌을 받는다는 사실을 알고 있으며, 연구 결과도 이를 뒷받침합니다. 물론 자신에 대한 정보를 공유할 적절한 사람을 선택하는 것도 중요합니다. 그 사람들이 누구인지 바로 알 수 없는 경우가 많기 때문에 자기 공개에 대해 단계적으로 접근하는 것이 좋습니다. 다음은 다른 사람에게 자신을 공개하는 8가지 단계입니다.

1. 취향과 관심사 예를 들어, 삼각함수와 같은 특정 수업은 싫어하지만 아이돌 그룹은 좋아하는 등 자신이 좋아하거나 싫어하는 것을 말합니다. 좋아하는 스타일, 장소, 활동, 유명인, 대화 주제 등으로 이야기가 확산될 수 있습니다. 더 위험하고 용감한 수준에서는 자신에 대해 어느 정도 좋아하는지까지도 공유할 수 있습니다. 관심사와 취향을 나누게 되면 즉각적인 친밀감을 형성할 수 있고 이렇게 되면 다른 사람들

도 자신이 선호하는 것과 관심사를 여러분과 나눌 수 있을 것입니다.

2. 정보 어떤 수업을 듣는지, 어떤 악기를 연주하는지, 어떤 운동을 하는지, 주말에 무엇을 하는지, 어떤 버스를 타고 집에 가는지, 사는 동네는 어디인지 등 기본적인 정보를 공유합니다. 이런 종류의 공유는 다들 이해하겠지만 위험도가 매우 낮습니다. 정보 교환은 사람들이 여러분을 판단할 근거를 주지는 않으며 여러분을 알아 가고 있다는 느낌을 줄 수 있습니다.

3. 개인사 개인사는 위험도가 낮은 이야기부터 시작하는 것이 좋고 과거에 있었던 재미있거나 흥미로운 이야기, 대화를 계속 이어 갈 수 있게 해 주고 나누면 재미있을 것 같은 주제입니다. 더 깊은 수준에서는 인생에서 힘들거나 고통스러웠던 일, 즉 직면해야 했던 도전이나 위기에 대해서도 나눌 수 있습니다. 어려움을 나누는 것은 위험하게 느껴질 수 있지만 신뢰를 쌓을 수 있는 정말 좋은 방법입니다. 우리는 보통 자신이 겪은 좋지 않은 일을 나눌 수 있는 사람들과 더 안전하다고 느끼고 더 가까워지는 경향이 있습니다.

4. 관점 어떻게 생각하고 평가하는지는 관계를 맺을 때 중요합니다. 여러분이 갖고 있는 견해 중의 일부는 내면의 깊은 곳에서 우러나오며, 여러분이 진정으로 세상을 바라보는 방식을 나타냅니다. 친밀하고 신뢰할 수 있는 관계는 각자가 사물을 보는 방식을 아는 데서 비롯됩니다. 자신의 생각이나 신념에 대해 아무 말도 하지 않는 사람과 소통하려

고 한다고 상상해 보세요. 상대방의 생각을 전혀 알 수 없기 때문에 불편할 수 있습니다. 또한 그 사람과 진정으로 의미 있는 관계를 형성하는 데 방해가 될 수도 있습니다. 가벼운 주제에 대해서도 기꺼이 서로의 의견을 나누면 관계가 더 안전하고 깊어집니다.

5. 가치　관점과 비슷해 보이지만 더 개인적이고 중요한 것은 여러분이 갖고 있는 가치들입니다. 가치들은 여러분이 진정으로 중요하게 생각하는 것, 즉 삶을 어떻게 살고 싶은지에 관한 것입니다. 가치에는 어떻게 행동할지, 소중한 사람들과 어떻게 함께할 것인지, 인생에서 무엇을 하고 싶은지, 자신이 진정으로 헌신하고 있다고 느끼는 것들이 포함됩니다. 여러분이 세상을 위해 무엇을 할 수 있을지 그리고 사람들이 타인을 위해 무엇을 해야 한다고 생각하는지 등도 가치에 포함됩니다. 가치는 매우 중요하게 느껴지는 주제여서 새로운 친구를 사귈 때는 주된 화젯거리가 되기는 어렵습니다. 하지만 가치 일부를 나누는 것은 친밀한 관계를 발전시키는 데 큰 도움이 될 수 있습니다.

켈리　새로운 환경에 처할 때마다, 그것이 새로운 일이든 새로운 학교든, 우선순위 중 하나는 내가 함께 어울리는 사람들을 찾는 것입니다. 때로는 지금 만나고 있는 사람들이 평생 친구가 될 수 없다는 생각을 합니다. 예를 들어, 작년에 새로운 일을 시작하면서, 제 또래의 동료 몇 명과 정말 잘 어울렸습니다. 나는 그 아이들과 농담을 하고, 일하다가도 자유 시간에 함께 놀고, 즐거운 시간을 보냈습니다. 그러나 밖에서 더 많이 놀기 시작하면서, 우리들이 갖고 있는 가치가 실

제로는 잘 맞지 않는다는 것을 깨닫게 되었습니다. 그 친구들은 정말 어울려 노는 것을 좋아하였습니다. 그 아이들과 놀러 나가는 것이 재미있기는 하였지만 나가서 어울려 노는 것만이 그 애들에게는 전부인 거 같아 보였습니다. 이 친구들과 나가서 함께 다양한 활동을 하고 싶었고 그냥 나가서 놀기만 하는 것은 뭔가 부족하다고 느껴졌습니다. 그렇다고 그 애들과 더 이상 어울릴 수 없다는 뜻은 아니지만, 점차 이런 관계의 한계를 깨달았습니다.

---

6. 원하는 것　과거에 원했던 것과 미래에 원하는 것이 있습니다. 여러분이 원하는 것은 일곱 번째 생일에 받고 싶었던 레고 키트처럼 어렸을 때 갖고 싶었던 단순한 것일 수도 있습니다. 동생이 집을 떠난 후에 동생과 더 많은 시간을 보내고 싶다는 깊은 갈망일 수도 있습니다. 미래의 소망은 직업과 관련된 것일 수도 있고, 내년에는 외국어 수업을 다시 듣지 않았으면 좋겠다는 것일 수도 있습니다. 원하는 것을 나누면 관계가 더욱 돈독해지고 점차로 상호공유할 것이 더 많아집니다. 친구들이 원하는 것을 서로 나눌 때 주어지는 진정한 보상은 그들의 삶에 들어간 느낌을 받는다는 것입니다. 여러분은 이에 따라 더 깊은 연결감을 느낄 수 있습니다.

7. 과거의 감정　희망, 슬픔, 두려움, 사랑, 분노의 순간, 심지어 자신에 대해 가졌던 과거의 감정에 이르기까지 복잡하고 다양한 감정은 내 삶을 구성하는 요소입니다. 좋은 감정은 덜 위험하기 때문에 보통

그것부터 시작하는 것이 안전합니다. 하지만 취약하거나 고통스러운 감정을 나누게 되면 누군가가 내가 겪은 일을 알아주고 이해해 준다는 안도감을 느낄 수 있습니다. 어두운 감정의 경우 짧게 이야기를 시작하는 것이 좋습니다. 상대방이 관심을 갖고 기꺼이 들어줄 의향이 있는지 확인하세요. 이것은 마치 물을 테스트한 후에 더 깊이 들어가는 것과 같습니다.

8. 지금 여기에서의 경험 지금 여기에서의 경험은 지금 당장 느끼거나 원하는 것을 말합니다. 위험도가 가장 낮은 것은 현재 존재하지 않는 사람(대화 상대가 아닌)과 관련된 감정이나 욕구일 것입니다. 아마도 가장 나누기 어려운 것은 바로 앞에 있는 사람에 대한 감정과 욕구일 것입니다. 거절당할 위험이 있기 때문에 대부분 두려워합니다. 하지만 가끔 자신의 감정과 욕구를 솔직하게 드러내면 관계는 놀라운 방식으로 변화하기도 합니다. "너무 재미있었어, 더 많은 시간을 함께 보내고 싶어."라는 말은 관계가 진전되지 않는다면 고통스러운 뒷걸음질을 치게 만들 수도 있습니다. 하지만 상대도 원한다면 더 친밀하고 깊은 연결감을 갖게 합니다. 긍정적인 감정을 나누는 것도 충분히 어려운 일이지만, 지금 이 순간 느끼는 부정적인 감정에 대해서 이야기하는 것은 가장 어려운 일입니다. 하지만 말하지 않고 속으로 감정을 쌓아 둔다면 소리 없는 균열이 생겨 우정을 유지하기가 어려워질 것입니다.

켈리 가끔 같은 학교에 다니는 친구들만큼 내가 똑똑하지 않고 열심

히 하지 않는다고 느낍니다. 모두가 자신의 일을 매우 진지하게 받아들이고, 때로는 모두가 나보다 더 바쁘고 더 많은 것을 성취하는 것처럼 보입니다. 이런 부정적인 감정을 혼자서 삭히다 보면 정말 상처를 받고 기분이 나빠지기 시작합니다. "최근에 정말 사려 깊고 긍정적인 새 친구를 사귀게 되었어요. 서로를 안 지는 그리 오래되지 않았지만요." 저는 그 친구에게 제가 느끼는 '열등감'에 대해 이야기했습니다. 그 친구에게 열등감이 있어서 기분이 가끔 우울해지고 의욕이 떨어진다고 말했습니다. 이런 생각을 그 친구에게 표현하는 것이 위험하다는 것을 알았습니다. 그 애가 나를 비난하지는 않을까? 내가 다른 사람들보다 열등하다는 말에 동의할까? 결과적으로는 그렇지 않았습니다. 이 문제를 그 친구에게 털어놓기로 결심한 이유는 걔가 배려심이 많은 애라는 것을 알았기 때문입니다. 그 아이는 내 말을 주의 깊게 들어주었고, 다들 잘 나간다고 생각하면 나만 뒤처진다는 느낌이 드는 것은 당연한 일이며 그렇다고 해서 누구나 도전에 직면해서 항상 성공하는 것은 아니라고 안심시켜 주었습니다.

이렇게 마음을 나누는 것은 언제나 쉽지 않습니다. 어쩌면 여러분은 가정에서 제대로 못한다고 수치심, 비난, 조롱을 받고 자랐을 수도 있습니다. 그러다 보면 자신을 숨기게 됩니다. 이런 가정에서 자랐다면 다른 사람과 마음을 나누는 위험이 엄청나게 크게 느껴질 수 있습니다.

앞에서 설명한 단계를 거치지 않고 자신의 취약점을 다른 사람과 공유하게 되는 상황이 일어날 수 있습니다. 따라서 일부 단계를 건너뛰더라도 걱정하지 마세요. 앞에서 언급한 것은 누군가를 알아가는 신중한 방법을 안내하고자 한 것이니까요. 야외 활동, 수련회 또는 잘 모르는 사람들과 유대감을 만들 수 있는 이벤트 중에 '여러분을 알아 가는' 과정은 더욱 빨리 일어날 수 있습니다.

켈리 윗 학년 선배가 정말 즐거웠고 새로운 친구들도 사귀었다고 해서 학교에서 주최한 야간 수련회에 갔습니다. 하루 이틀 만에 새 친구를 사귈 수 있을까 의문이 들었지만 새로운 사람을 만나는 것은 재미있어서 시도해 봤습니다. 친구 예은이와 저는 함께 등록했지만, 일단 도착하자마자 우리는 다른 캠프와 작은 토론 그룹으로 나뉘어졌습니다. 처음에는 불안했습니다. 완전히 새로운 사람들과 팀이 되었고, 예은이와 내가 같은 팀이라면 좀 위안이 될 텐데라고 생각했습니다. 나랑 같은 팀에 참여한 혜진이와 첫날에 많은 시간을 함께 보냈습니다. 처음에는 우리가 좋아하는 차에 대해 이야기하였고 그다음에는 가족과 가족 생활에 대해 이야기하기 시작하면서 더 개인적인 대화를 나누었습니다. 우리 팀에 참여한 애들 모두 각자 이런저런 이야기를 나누다 보니 상당히 개인적인 주제에 대해서도 말을 하게 되면서 친해졌습니다. 이제 학교에서 만나면 웃으면서 그 아이들에게 인사를 합니다. 그날 밤 늦게 예은이를 만났을 때, 나는 새 친구 혜진이를 예은이에게 소개하면서 들떠 있었습니다. 수련회에서 우리 모두 잘 지냈고, 학교로 돌아온 후에도 함께 시간을 보내곤 합니다.

10대 시절을 보내다 보면 여러분은 열린 마음으로 다른 사람들과 연

결될 수 있는 기회를 많이 갖게 됩니다. 타인과 연결되면 될수록 모든 인간은 공통적으로 각자 맞닥뜨리는 고난이 있다는 것을 알게 됩니다. 다른 사람뿐만 아니라 우리 자신에 대한 연민을 연습하면 할수록 우리 삶의 일부인 고통의 일부가 줄어들 것입니다.

정리하기

자기연민은 자존감을 높이는 데 있어서 판도를 바꿀 수 있는 게임체인저(game changer)입니다. 힘든 일을 겪거나 실수를 했을 때 자신을 이해하고 자신에게 친절하게 대하면 더 열린 마음을 갖게 되고 다른 사람들과 더 쉽게 소통할 수 있습니다. 자기연민을 실천하지 않으면 외로움, 고립감, 다른 사람들과 분리된 느낌을 받을 가능성이 높습니다. 실패했을 때(그리고 우리 모두는 실패를 경험합니다.) 자기비판(예: "나는 끔찍해." 또는 "나는 형편없어.")보다는 자기연민(예: "나도 다른 사람들과 같아." 또는 "이것은 모든 사람이 경험하는 정상적인 부분이야.")으로 대하면, 스스로에게 친절할 수 있고 자신을 긍정적으로 평가하기 때문에 자존감이 훨씬 더 안정적으로 유지됩니다.

05

마음챙김과 원숭이 마음

자신에 대해 지금 이 순간 좋은 기분을 느끼고 싶지만, 마음속은 자꾸 현재가 아닌 다른 순간으로 빠지는 경향이 있습니다. 마음은 현재보다 자꾸 과거를 반추하거나 미래를 예측하고 걱정하는 경우가 더 많습니다. 하지만 규칙적인 마음챙김 연습을 하면 주의집중 습관이 만들어집니다. 습관이 되면 마음, 생각, 자신과의 관계가 변화됩니다. 이것이 왜 중요할까요? 부정적인 믿음이 촉발되면 즉시 과거로 되돌아갑니다. 과거 경험에 의해 인식의 폭이 제한되기 때문이지요. 이렇게 되면 현재 상황을 제대로 판단하지 못하고 자동적이고 습관적인 반응이 일어나고, 이런 반응은 생각할 겨를도 없이 일어납니다. 더 이상 현재 상황에 근거한 객관적 판단을 하지 못하고 오래된 과거 정보와 기억을 사용하여 결론에 도달하고, 결과적으로 현재를 바라보는 시각이 왜곡됩니다.

이 장에서는 자기수용의 한 방법인 마음챙김의 중요한 역할에 대해 설명하고자 합니다. 마음챙김은 자신에 대한 부정적인 믿음이 촉발될 때 현재 경험에 머물면서 과거 경험에 잘 반응하기 위함입니다. 생각은 현재 경험으로부터 우리의 주의를 분산시키는 강력한 방해물이 될 수 있습니다. 마음챙김은 생각과 새로운 관계를 형성하고 현재 경험에 집중하는 데 도움이 될 수 있습니다.

마음챙김과 사고 패턴

현재와 관련된 정보가 마음속에 들어오게 하고 수용하는 마음으로 무슨 일이 일어나고 있는지 관찰하고, 부정적인 신념과 연결된 자동 강화 행동보다 가치중심의 의도로 반응하는 것을 상상해 볼 수 있나요? 이것이 바로 우리가 무심코 하는 정보처리 방식과 마음챙김 접근법의 차이점입니다.

마음챙김에 대해 들어 보았거나 마음챙김을 경험해 본 적이 있나요? 마음챙김은 불안, 우울증, 섭식장애, 외상 후 스트레스 장애 등 다양한 질환에 대처하는 효과적인 접근법으로 입증되었습니다. 마음챙김과 명상을 통해 건강과 웰빙을 증진할 수 있다는 연구 결과도 풍부합니다. 하지만 많은 사람들이 "난 잘 못해요." "저랑 안 맞아요." "잡생각을 멈출 수가 없어요." 등의 말을 합니다. 이 중 하나라도 해당되는 말이 있다면 여러분은 혼자가 아닙니다. 이런 생각들은 마음챙김 연습 중에 실제로 자주 일어나는 일이며 자연스러운 현상입니다. 지금 이 순간에 존재하며, 지금 일어나고 있는 일을 진정으로 경험하게 하는 마음챙김 개념을 누구나 처음에는 이해하기 어렵습니다.

켈리 지난 학기, 교수님 중 한 분이 대학 부설 상담 서비스 센터와 협력하여 웰빙과 성찰을 수업에 포함시켰습니다. 어느 날, 학교 심리학자 중 한 명이 수업에 들어와서 웰빙에 대해 이야기했습니다. 그분은 학생들에게 삶에서 스트레스 원인을 파악해 보라고 했고, 우리는 스

트레스를 관리하고 자신을 돌보는 데 사용하는 전략을 나열했습니다. 다음으로, 그는 자신을 돌보고 웰빙을 증진시키는 방법으로 마음챙김과 명상을 소개했습니다. 심리학자는 마음챙김은 특정한 의도를 가지고 주의를 기울이는 것이라고 설명했습니다. 그리고 명상은 마음챙김 능력을 키울 수 있는 한 가지 방법이라고 소개하면서 마음챙김을 하게 되면 우리가 가진 생각과의 관계를 바꿀 수 있다고 했습니다. 그런 다음 책상에 앉아 1분 동안 명상을 하도록 했습니다. 솔직히 말해서 수업 시간에 명상을 하는 것이 조금 어색하고 부자연스러웠습니다. 그래도 그 1분 동안 현재에 집중하기 위해 최선을 다했습니다.

우선 마음챙김에 대해 먼저 설명하겠습니다. 간단히 말해, 마음챙김은 자신의 생각, 감정, 신체적 감각을 판단 없이 인정하고 받아들이면서 현재 순간에 집중하는 것입니다. 쉽게 들릴 수도 있고 그렇지 않을 수도 있지만, 우리는 현재 순간에 잘 집중하지 못합니다. 혹시 교실이나 기타 집단 환경에서 교사, 코치 또는 리더가 이름을 부르며 누가 참석했는지 확인하는 상황에 처한 적이 있나요? 이름을 부르면 "여기 있습니다."라고 대답하지만 실제로는 물리적으로 그 자리에 있을 뿐, 머릿속에서는 점심에 무엇을 먹을까, 이번 주말에 개봉하는 영화가 뭐지, 가장 친한 친구의 생일 선물로 무엇을 사 줄까 같은 생각이 떠오를 것입니다. 마음은 결코 멈추지 않는 생각하는 기계와 같습니다.

마음챙김을 연습하면 자신의 마음과 어떤 관계를 맺고 어떤 생각이 떠오르는지 잘 이해할 수 있습니다. 일반적으로 대부분의 생각은 과거에 대한 반추나 미래에 대한 걱정으로 이루어집니다. 어쩌면 여러분은 이것이 자신에게 해당되지 않는다고 생각할 수도 있습니다. 이 진술의 진위를 테스트하기 위해 우리가 가장 좋아하는 훈련의 하나인 '세 개의 그릇' 훈련을 소개합니다.[1)]

이렇게 해 보세요!

1. 세 개의 그릇을 일렬로 앞에 놓습니다.

2. 3×5 카드나 작은 종이를 사용해 떠오르는 생각을 하나씩 적습니다. 오른쪽에 있는 그릇에는 미래에 대한 생각을 적습니다. 왼쪽에 있는 그릇에는 과거에 대한 생각을 적습니다. 그리고 중앙의 그릇에는 현재에 대한 생각을 적습니다.

연습에 적어도 15분 정도 시간을 할애하세요. 머릿속에서 생각이 떠오르면 그것을 적고 해당 그릇에 넣습니다. 각각의 생각 카드를 넣는 작업을 계속합니다. 15분 후에는 중단해도 됩니다. 이제 그릇을 보세요. 대부분의 사람들이 그렇듯이 중앙에 있는 그릇에 가장 적은 양의 생각 카드가 담겨 있을 것입니다. 스스로를 판단하지 마세요. 예상한 결과입니다. 이것은 마음의 자연스러운 경향입니다. 이러한 이유로 마음챙김은 사실 어렵고 도전적인 과제입니다.

---

1) 랜디 J. 패터슨 박사의 저서 『어떻게 비참해지는가』에서 소개한 연습

켈리 이 연습은 저에게 특히 어려웠습니다. 중앙에 있는 그릇에는 카드가 거의 없었습니다. 대부분의 카드는 '미래' 그릇에 있었습니다. 현재 저는 대학 졸업 후 어떤 진로를 택할지, 어떻게 하면 성공적으로 취업을 준비할 수 있을지 고민이 많습니다. 그렇기 때문에 제 머릿속이 미래지향적인 생각으로 꽉 차 있는 것은 당연합니다. 이 연습을 해보니 에너지를 현재에 더 쏟고 싶다는 생각이 들었습니다. 미래 그리고 미래에 하고 싶은 것을 고심하는 것은 물론 중요합니다. 그러나 미래 목표를 달성할 수 있는 한 가지 방법은 원하는 것을 위해 지금 당장 할 수 있는 것이 무엇인지 생각하는 것입니다. 미래에 도움이 될 수 있도록 지금 무엇에 집중할 수 있을까요? 한 가지 아이디어는 지금 하고 있는 학업에 좀 더 집중하고 새로운 방식으로 학문적 관심사를 탐구할 수 있는 기회를 더 찾아봐야겠다는 것입니다.

이렇게 해 보세요! 이제 왼쪽의 그릇에 담긴 생각, 즉 과거에 대한 생각을 하나씩 꺼내서 1장에서 확인한 자신에 대한 신념 중 하나와 연결해 보세요. 자신과 가장 관련이 있는 신념을 한두 개 골라 보세요.

해리가 쓴 글을 살펴봅시다.

과거에 대한 생각

1. 내가 원하는 것보다 다른 사람들이 원하는 것을 생각하는 데 너무 많은 시간을 보냈다.

2. 고등학교 때 성적을 훨씬 더 잘 받았어야 했다.

3. 조부모님이 돌아가시기 전에 더 많은 시간을 함께 보냈더라면 좋았을 것이다.

나 자신에 대한 신념

1. 다른 사람들의 욕구가 나보다 더 중요하다.

2. 나는 충분하지 않다.

3. 나는 좋은 사람이 아니다.

다음은 오른쪽 그릇에 있는 생각으로 같은 연습을 해 보세요.

이것이 해리가 쓴 내용입니다.

미래에 대한 생각

1. 내가 관심 있는 직업을 찾을 수 있을지 모르겠다.

2. 연애를 할 수 있을지 모르겠다.

3. 부모님의 기대를 충족시키지 못할까 봐 걱정된다.

나 자신에 대한 신념

1. 나는 실패자다.

2. 나는 사랑스럽지 않다.

3. 나는 충분하지 않다.

과거에 대한 생각(주로 반추나 후회의 형태)과 미래에 대한 생각(주로 걱정과 두려움의 형태)이 어떻게 자신에 관한 부정적인 믿음을 강화하는지 이해되나요? 현재에 집중하지 못할수록 자신에 대한 부정적인 믿음을 강화하는 피드백 루프에 갇혀 더 많은 시간을 허비하게 됩니다. 지금 이 순간으로 주의를 돌리면 악순환의 고리를 끊을 수 있습니다.

여러분은 자신의 생각을 어떻게 다룰 수 있을지 궁금할 것입니다. 도움이 되지 않는 수많은 생각이 떠오르는 것을 막을 수만 있다면 얼마나 좋을까요! 안타깝게도 마음을 통제할 수는 없지만, 한 가지 좋은 소식은 마음과의 관계를 바꿀 수 있다는 것입니다. 이것이 바로 마음챙김의 힘입니다.

이것이 무슨 의미일까요? 마음과의 관계를 바꾼다는 것은 어떤 생각이 떠오를 때 호기심과 비판단적인 태도로 그 생각을 관찰하는 것입니다. 그 생각에 집착하지 않고, 그것을 진실로 받아들이지 않는 태도가 중요합니다. 단지 그 생각이 무엇인지 알아차리고 놓아 버리면 됩니다. 집착하면 현재가 아닌 과거로 돌아가거나 미래로 끌려가게 됩니다. 과거나 미래에 살면 불필요한 스트레스와 감정적 고통이 생기고 현재 일어나고 있는 일에 집중하지 못하게 됩니다.

그동안 생각과의 관계가 여러분에게 어떤 부정적인 영향을 미쳤는지 살펴봅시다.

이렇게 해 보세요! 여러분의 생각은 여러분을 어떻게 규정하나요? 여러분의 생각이 자신의 삶에 어떤 영향을 미치고 있나요? 여러분의 행동과 태도를 어떻게 이끌어 왔나요? 구체적인 예를 하나 이상 생각해 보고 다이어리에 적어 보세요.

이 연습을 마친 후 기분이 어떤가요? 생각에 집착하는 것이 어떻게 자신에 대한 부정적인 믿음을 강화할 수 있는지 이해되시나요? 생각을 사실로 취급하고, 부정적인 신념을 강화하고, 행동에 영향을 주는 좋지 않은 생각에 힘을 실어 주는 것을 알아차릴 수 있나요?

켈리 저는 운동을 좋아합니다. 운동은 기분을 좋게 해 주고 학교나 친구 관련 스트레스에서 벗어날 수 있는 좋은 방법입니다. 하지만 달리기는 늘 겁이 났어요. 달리기 실력이 부족하다는 믿음이 있어요. 달리기는 제가 평소에 하는 활동이 아니기 때문이죠. 매일 달리기를 하는 엄마를 생각하니 자꾸 비교가 되면서 엄마처럼 매일 달리기를 하지 않으니까 달리기를 잘 못할 거라고 생각합니다. 이렇게 엄마의 달리기 능력과 나의 달리기 능력을 비교하는 마음을 가지니까 달리기 자체를 즐기지 못할 거 같습니다. 이런 비교를 할 때 저는 제 자신의 능력을 충분히 인정하지 않는 것 같습니다. 사실 저는 규칙적으로 달리기를 할 마음도 있지만 아직 엄두를 못내고 있는데 다시 한번 진지하게 고려해 봐야겠어요.

마음챙김은 집착을 버리고 내려놓는 데 도움이 됩니다. 생각, 감정, 행동이 영원하지 않다는 것을 인식하게 되면 그것은 매우 강력한 힘이 됩니다. 너무 단순한 말 같아 보일 것입니다. 막막함을 느낄 때 '나는 결

함이 있어.' 또는 '나는 무가치해.'라는 생각들, 외로운 느낌, 마음 한구석의 아픔 등 이 모든 것은 영원히 지속될 것만 같습니다. 하지만 사실 모든 생각, 모든 감정, 모든 감각은 시간이 지나면 사라집니다. 그것들은 왔다가 갔다가 할 뿐입니다.

부정적인 믿음과 그에 따른 생각에 집착하게 되면 마치 그것이 우리를 규정하는 핵심이라고 믿게 됩니다. 결과적으로 내면의 자기가 외면의 자기로 표출됩니다. 이런 방식으로 부정적인 믿음은 강화되고 계속해서 우리에게 고통을 가중시킵니다. 따라서 우리는 마음과 다른 관계를 맺어야 합니다. 마음은 우리의 일부이지만 전부는 아니라는 것을 인식하는 것이 필요합니다. 마음이 만들어 내는 생각은 이전에 한 경험을 바탕으로 합니다. 그리고 수많은 생각이 여러분을 통제할 거 같은 느낌이 든다고 해도 여러분은 그 생각을 통제하기가 어렵습니다. 마음챙김을 하면 생각에 집착하지 않습니다. 대신 생각과 거리를 두고 마음을 바라보는 관찰자가 됩니다. 마음은 과거 경험을 바탕으로 상황을 판단하고 위험을 예측하여 우리를 보호하도록 설계되고 진화된 기능을 수행합니다. 하지만 우리 마음은 완벽하지 않으며, 지나치게 경계하는 경향이 있고 특히 부정적인 믿음을 유발하는 상황이나 사람을 마주할 경우 곤경에 빠지게 합니다.

이제 마음과의 관계를 변화시킬 수 있는 연습을 하는 것이 도움이 될 것 같은 확신이 드나요? 마음과의 관계와 그동안 경험한 괴로움의 정도 간에 연관성이 보이나요?

부정적인 믿음은 현실 인식을 왜곡할 수 있습니다. 순간에 머무르면 지금 이 순간에 있는 그대로의 상황을 더 잘 볼 수 있습니다. 미래를 예언자처럼 볼 필요도 없고(예언자적 오류[2]), 불안한 예측도, 재앙에 대한 두려움도 사라집니다.

자신과 생각 사이에 거리를 둘 수 있을 때, 지금 내 안에 있는 사물, 사람과 더 깊이 연결될 수 있습니다. 부정적인 믿음이 촉발되면 두려움과 관련된 생각을 경험하게 됩니다. 어떤 생각은 너무 자주 떠올라 거의 다 외울 정도로 익숙해집니다. 또 다른 생각은 처음 접하는 것일 수도 있지만, 안전과 보호에 대한 욕구에서 비롯되었다는 점에서 익숙한 것일 수도 있습니다.

이제 도움이 되지 않는 행동을 유발하고 부정적인 신념을 강화하는 사고 패턴을 살펴보겠습니다.

이렇게 해 보세요! 2장에서 여러분은 자신에 대한 부정적인 믿음을 유발하는 상황, 영역, 사람들의 유형을 파악했습니다. 부정적인 생각이 떠오를 때마다 비슷한 생각을 하게 될 가능성이 높습니다. 이제 이러한 생각 패턴을 인식하여 자신과 이러한 생각 패턴 사이에 거리를 둘 수 있도록 해야 합니다. 이제 부정적인 신념을 유발하는 일반적인 상황이나 경험, 그리고 그와 관련된 반복적인 생각을 나열해 보세요.

목록이 완성되면 목록을 다시 읽어 보고 패턴을 찾아보세요. 어떤 패턴을 발견하셨나요?

특정 상황이나 경험에서 자신의 생각과 동일시하는 것이 어떻게 고통을 계속 일으키는지 이해할 수 있나요?

2) 역자 주: 인지적인 오류 중 하나로 충분한 근거 없이 미래 일어날 일을 단정하고 확신하는 것

생각은 그저 생각일 뿐입니다. 생각은 여러분 자신이 아닙니다. 하지만 우리는 자주 생각, 특히 그것이 부정적인 신념과 관련되어 있을 때 생각에 사로잡히곤 합니다. 부정적인 생각은 점점 강해져서 마치 우리가 어떤 사람인지를 나타내는 사실적인 평가로 대하게 되고 강력한 힘을 갖게 합니다. 이에 대해 다음 사례를 통해 쉽게 알 수 있습니다.

현지의 사고 패턴

현지가 연애 영역에서 스트레스 자극을 받았을 때 사고 패턴에 대해 쓴 글을 살펴봅시다.

- 그 애는 나보다 낫다고 생각되는 사람을 만날지 몰라.
- 그 애는 나보다 더 나은 사람을 만날 거야.
- 그 애는 나를 정말로 좋아하지 않는 거 같아.
- 그 애는 내가 성가시고 곁에 있는 것이 재미없다고 생각할 거야.
- 그 애는 내가 결점이 많은 사람이고 다른 여자애들은 나처럼 행동하지 않을 거라고 생각할 거야.
- 나는 그 아이에게 충분하지 않은 사람이야.
- 나는 장기적인 관계를 지속할 자격이 없어.
- 그 애가 나보다 더 예쁜 사람을 만나면 나는 잊히거나 의미가 별로 없는 존재가 될 거야.
- 그 애는 나와 어울리고 싶어 하지 않으면서 마지 못해 만나고 있는 건지도 몰라.

현지의 부정적인 사고 패턴을 읽으면서 어떻게 그런 생각들이 사실인 것처럼 행동하는지 상상할 수 있나요? 촉발사건과 이에 대한 반응을 살펴보겠습니다.

촉발사건: 준우가 내가 보낸 문자에 즉시 응답하지 않았음.

생각: 나는 충분하지 않아. 준우는 나를 정말 좋아하지 않는 거 같아. 나와 어울리고 싶어 하지 않아. 어쩌면 나보다 더 좋은 여자애와 사귀고 있을지 몰라.

행동 반응: 준우가 다른 아이와 만나고 있고 나를 별로 좋아하지 않는 거 같다고 문자폭탄을 보내고, 주말에 만나기로 했던 계획을 취소함.

다음은 실제로 준우에게 일어난 일에 대해 현지가 쓴 글입니다.

> 사실 준우는 엄마 차에 휴대폰을 두고 내렸는데 엄마는 회의 중이어서 연락이 닿지 않았다. 마침내 휴대폰을 찾은 준우가 내가 보낸 문자 메시지를 읽었을 때 그 애는 충격과 상처를 받았다. 우리는 막 데이트를 시작했었고 그 애는 나를 좋아했지만 내가 보낸 끔찍한 문자를 받은 후 준우는 자신에게 그런 못된 말을 하는 사람과 함께할 수 없다고 말했다. 그래서 준우와 헤어지게 되었다. 이제 내 자신이 더 나쁘게 생각되었고 부정적인 생각이 사실처럼 느껴졌다.

이 내용을 보면 부정적인 생각에 집착하는 것이 어떻게 도움이 되지 않는 행동 반응으로 이어지는지 쉽게 알 수 있습니다. 현지는 자신에 대한 부정적인 믿음을 더 강화시켜 나갑니다.

이제 이런 상황이 여러분에게 어떤 모습일지 생각해 보세요.

이렇게 해 보세요! 앞의 실습에서 얻은 정보를 바탕으로 자신의 행동 반응을 추가해 보세요. 다시 말해, 촉발상황에 처했을 때 그와 관련된 사고 패턴에 사로잡혀 있다면 어떻게 반응할 것인가요? 생각을 사실로 받아들이는 것이 행동에 어떤 영향을 미치고, 더 많은 문제를 일으키고, 자신에 대한 기분을 나쁘게 만드는지 알 수 있나요?

생각과 행동 사이의 연관성을 인식하게 된 기분이 어떤가요?

행동을 유발하는 상황, 관련 생각, 반응이 너무 빨리, 너무 자동으로 일어나기 때문에 그 순간 무슨 일이 일어나고 있는지 잘 알아차리지 못할 수 있습니다. 여기서 목표는 자동조종 장치[3]에서 마음챙김으로 전환하는 것입니다.

생각에 집착하지 않고 현재 경험에 주의를 기울일 수 있다면 자신의 가치에 부합하는 행동 선택을 할 수 있는 능력이 길러집니다. 자동 행동에서 가치 중심 행동으로 전환할 때는 그 상황에서 가치 중심 행동이 무엇일지 파악하는 것이 도움이 됩니다(7장에서 이에 대해 더 자세히 설명합니다). 도움이 되는 행동은 현재의 도움이 되지 않는 행동을 대체할 것입니다. 결과적으로 자기가치감이 높아질 것입니다.

3) 역자 주: 조종사의 조작 없이도 일정한 비행 상태를 유지하게 해 주는 장치. 비행기의 자동조종 스위치처럼 자동적으로 일어나는 생각, 감정, 반응을 의미함.

자동조종 스위치

학교 가는 버스 타기, 잠자리를 정리하기, 양치질하기 등 익숙하거나 일상적인 일이나 활동을 할 때 자동조종(autopilot) 스위치가 켜진다는 것을 이미 알고 계실 것입니다. 해당 활동을 너무 많이 해 왔기 때문에 처음 할 때만큼 의식하지 않게 됩니다. 별다른 생각 없이 하는 경향이 있는 활동이 있다면 몇 가지를 꼽을 수 있나요?

켈리 운전을 시작했을 때 저는 모든 결정에 세심한 주의를 기울였습니다. 차에 올라타서 차 안의 모든 것이 올바르게 설정되어 있는지 확인하고 목적지까지 이동하면서 운전하는 일에 집중했죠. 두 블록 후에 좌회전해야 하는 경우, 저는 거울과 창밖을 보면서 주변을 관찰하고 적절한 타이밍에 신호를 켜고 조심스럽게 도로로 진입했습니다. 학교에 갈 때나 집에 갈 때 무슨 일이 일어날지 등 다른 생각은 하지 않았습니다. 당면한 과제에만 전념했습니다.

면허를 취득한 지 몇 년이 지나자 더 이상 운전에 신경을 쓰지 않게 되었습니다. 절친의 집에 적어도 50번은 운전해서 갔기 때문에 그 길에 아주 익숙해졌고, 심지어는 신호등이 켜지는 타이밍까지 알고 있었어요. 최근에는 집 앞에 주차할 때 내내 제가 뭘 하고 있었는지 생각했습니다. 길을 잘 알고 있다는 것을 당연하게 생각해서 운전에 집중하지 못했습니다. 대신 무슨 생각을 했는지 기억조차 나지 않았습니다. 뭔가 이상한 일이 생기면 어쩌나 하는 불안감이 들었습니다. 물론 무사히 목적지에 도착한 것에 감사했지만 집으로 돌아갈 때는 운전에 좀 더 집중하기로 결심했습니다.

이제 최근에 과제를 완수하거나 활동에 참여하기 위해 정말 집중해야 했던 경험을 떠올려 보세요. 새로운 게임이나 운동을 배우거나, 새로운 사람과 시간을 보내거나, 한 번도 가 본 적 없는 장소를 방문했을 수도 있습니다. 이처럼 새로운 경험을 할 때는 그 순간에 더 많은 에너지를 집중해야 합니다. 경험에 대한 기억이 더 강렬하게 남을 수 있습니다. 더 몰입할 수 있습니다.

켈리 최근에 제 절친인 아영이가 소문은 들었지만 한 번도 만나 본 적이 없는 친구를 소개해 주었습니다. 늘 내가 좋아하는 사람들과 시간을 보내고 루틴에 따르는 것은 쉬운 일인 거 같아요. 그래서 새로운 사람을 만나고 새로운 친구를 사귈 수 있는 기회를 갖게 되니 흥분되고 기뻤습니다. 그 여자애와 점심을 먹기 위해 만났을 때, 친한 사람들과 일상적인 어울림에서 행동하는 방식을 그대로 해서는 안 된다는 것을 깨달았습니다. 이 친구는 저를 처음 본 사람이었기 때문에 그 아이와 소통하기 위해 노력해야 했습니다. 그 아이와 대화에 온전히 집중했습니다. 울리는 휴대폰이나 다가오는 영어 시험에 대해서 생각하지 않았어요. 다른 생각 없이 누군가와 즐거운 시간을 보냈어요. 정말 기분이 좋았어요!

마음챙김 연습

마음챙김을 연습하면 생각을 놓아 버리는 훈련을 할 수 있습니다. 생각이 얼굴에 미소를 짓게 하든 인상을 찌푸리게 하든, 그 생각에 집착하지 않고 그냥 흘려보내면 됩니다. 기분을 좋게 만드는 생각에 왜 집착하지 말아야 하는지 의아하게 생각할 수 있습니다. 기분 좋은 생각을 하는 것은 기분 좋은 경험처럼 들리겠지만, 문제는 기분을 나쁘게 만드는 생각, 특히 부정적인 믿음이 촉발된 생각에 쉽게 집착하게 된다는 점입니다. 그래서 우리는 어떤 생각에도 집착하지 않는 연습을 합니다.

이제 현재 순간에 주의를 집중하는 훈련을 하는 데 도움이 되는 몇 가지 마음챙김 연습을 소개해 드리고자 합니다. 마음챙김은 쉽지 않고 연습이 필요하므로 생각보다 시간이 오래 걸리더라도 스스로 판단하지 마세요.

이렇게 해 보세요! 이 연습은 현재 상황을 부정적인 신념으로 왜곡하지 않고 있는 그대로 관찰하기 위한 단계입니다. 이렇게 하면 그 순간의 생각과 감정을 있는 그대로 볼 수 있고 행동적 반응을 즉각적으로 할 필요가 없는 순간적인 경험을 잘 알아차릴 수 있습니다. 먼저 연습 문제를 읽고 익숙해진 다음 직접 해 보세요.

눈을 감고 심호흡을 한 다음 호흡 경험을 알아차립니다. 숨이 코 뒤쪽이나 목 뒤로 넘어갈 때 느껴지는 시원함을 관찰하세요. … 그리고 갈비뼈가 확장되는 느낌과 폐로 들어오는 공기에 주목하세요.

… 그리고 숨과 함께 횡격막이 늘어나는 느낌과 숨을 내쉴 때 느껴지는 이완감을 알아차리세요. 호흡을 계속 지켜보면서 공기가 들어오고 나가는 경로를 따라 주의를 기울이세요. … 숨 들이쉬고 내쉬고… 숨을 쉬면서 다른 경험을 알아차릴 수 있습니다. 생각이 떠오르면 "생각"이라고 스스로에게 말하세요. 그냥 생각이라는 이름을 붙이세요. 그리고 어떤 감각이 떠오르면 그것이 무엇이든 간에 "감각"이라고 스스로에게 말하세요. 그냥 감각이라고 이름을 붙이세요. 그리고 감정을 알아차리면 "감정"이라고 스스로에게 말하세요. 그냥 감정이라고 이름 붙이세요. 어떤 경험도 붙잡아 두지 마세요. 그냥 이름을 붙이고 놓아 버리세요. 그리고 다음 경험을 기다리세요. 생각, 감각, 감정에 라벨을 붙이면서 자신의 몸과 마음을 관찰하세요. 어떤 것이 고통스럽게 느껴진다면 그 고통에 주목하고 다음에 떠오르는 것에 열린 마음을 유지하세요. 무엇이든 간에 매 경험을 계속 지켜보면서 이름을 붙이고 지나가게 내버려 두고 또 그런 다음 다가오는 것에 대해서도 열린 마음을 가지세요.

생각… 감각… 감정 등 모든 것이 일어나는 대로 지켜보세요. 당신이 하늘이고 모든 것은 그저 날씨일 뿐입니다. 그냥 지나가는 날씨… 지켜보고… 이름을 붙이고… 놓아 버리십시오.

2분 더 조용히 명상하고 눈을 뜨고 주의를 주변으로 돌려 마무리합니다.

행동 반응 없이 내면의 경험을 관찰하는 데 익숙해질 수 있도록 하루에 한 번씩 마음챙김 집중 연습을 해 보시기 바랍니다. 마음챙김을 통해 현재 경험의 흐름을 알아차리면 과거 경험과 거리를 둘 수 있고 이렇게 되면 촉발사건에 대해 도움이 되지 않는 의사소통 스타일과 행동으로 반응하지 않고 상황에 더 유연하게 대응할 수 있습니다. 현재 경험하고 있는 감정적 고통을 판단하거나 그 순간에 일어나는 일을 멈추거나 피하려고 하지 말고 관찰하세요. 이렇게 하면 현재 경험에 대해 호기심을 갖고 열린 마음을 가질 수 있습니다. 그리고 더 많은 행동 선택을 고려해 볼 수 있을 것입니다. 생각, 감각, 감정은 여전히 같을 수 있지만 그에 대한 반응은 달라질 것입니다.

현재 경험을 더 많이 알아차리기

마음챙김 활동은 감각적 경험의 순간에 머무르는 데 도움이 됩니다. 매 순간을 관찰하는 능력인 마음챙김은 내면의 경험을 관찰하는 것뿐만 아니라 일상적인 활동을 통해 배울 수 있는 능력입니다. 평소의 자동조종 모드에서 벗어나서 완전히 내면경험을 자각하면서 생각이 떠오르면 떠오르는 대로 주목하고 오감으로 주의를 돌리면 됩니다.

다음은 마음챙김 활동을 위한 몇 가지 제안입니다. 좋아하는 활동을 목록에 추가하세요.

마음챙김하며 마시고 먹기 이 활동은 아침에 커피나 차를 마시며 하는 것이 좋지만, 언제든 할 수 있습니다. 좋아하는 음료를 마시는 동안 입안의 액체, 온도, 냄새, 맛, 액체가 내려갈 때의 목과 위장의 느낌, 컵의 무게와 온도에 주목하세요. 경험의 모든 측면을 알아차리세요.

켈리 최근에 마음을 챙기며 식사를 하라는 말을 들었습니다. 지금까지는 음식을 먹을 때 그 순간의 신체 활동에 집중하지 않고 휴대폰이나 컴퓨터로 TV를 보거나 유튜브를 보는 경우가 많았습니다. 최근에는 휴대폰과 컴퓨터를 치우고 먹을 때는 먹는 것에만 집중하고 먹는 것을 즐기려고 했습니다. 정해진 시간 동안 디지털 기술을 멀리하면 무엇을 얼마나 많이 먹고 있는지 잘 알아차릴 수 있어서 좋습니다.

마음챙김하며 목욕 또는 샤워하기 이 활동은 몸 전체가 여러 감각을 느끼게 하기 때문에 좋은 활동입니다. 물의 온도, 물이 피부에 닿을 때의 감각, 비누나 거품이 피부에 닿는 느낌, 비누의 냄새, 물소리를 알아차려 보세요. 경험의 모든 측면을 알아차리세요.

마음 챙김 걷기 또는 달리기 발이 포장도로에 닿을 때의 압력, 숨소리, 밖에서 나는 냄새, 사람들 옆을 지나가거나 자동차가 지나갈 때 들리는 소음, 팔과 손을 움직일 때의 느낌 등 알아차릴 것이 너무 많기 때문에 걷기 또는 달리기 마음챙김 활동이 도움이 됩니다. 모든 감각적 경험에 주의를 기울이세요.

마음챙김 활동의 목표는 감각적 경험에 머무르는 것입니다. 생각이 떠오를 때 그 생각과 싸우지 말고, 그 생각을 인정하고 주의를 다시 오감에 집중하세요.

매일 한 가지 이상의 마음챙김 활동을 하면 자기 관찰 능력이 강화됩니다. 이러한 활동을 통해 순간순간 자신의 경험을 알아차리고 판단 없이 있는 그대로 받아들이는 훈련을 할 수 있습니다. 이러한 활동에 많은 시간을 할애할 필요가 없습니다. 지금 이 순간에 집중하는 연습을 할 수 있는 짧은 기회이기 때문입니다.

다른 마음챙김 활동으로는 직소 퍼즐 맞추기, 숫자로 그림 그리기, 연필, 마커, 크레파스로 색칠하기 등이 있습니다. 바느질로 마음챙김 활동을 할 수도 있고, 뜨개질도 인기 있는 마음챙김 활동 중 하나입니다. 좋아하는 것을 선택하면 더 자주 하고 싶을 것입니다.

켈리 겨울방학 동안 집에 있었는데 엄마가 마음챙김 활동으로 직소 퍼즐에 푹 빠져 있는 것을 보았습니다. 처음에는 시도하기가 겁이 났습니다. 어렵게 느껴졌고 포기하지 않고 오랫동안 집중할 수 있을지 확신이 서지 않았기 때문입니다. 그러던 중 절친과 함께 그 애 집에서 퍼즐을 발견하고 도전해 보았습니다. 저를 짓누르던 생각을 떨쳐 버리고 현재 활동에 집중할 수 있어서 정말 좋았어요. 게다가 퍼즐을 완성했을 때 성취감과 뿌듯함을 느꼈어요. 완성된 퍼즐 사진을 인스타그램에 올리기도 했어요.

감사의 역할

마음이 힘들고 문제와 고통스러운 감정 경험에 사로잡혀 있을 때는 인생의 좋은 점에 주의를 기울이기 어렵습니다. 무엇이 감사한가요? 여러분은 무엇에 감사하고 있나요? 이 질문은 우스꽝스러운 기분 전환 자조(self-help) 전략 중 하나로 들릴 수도 있습니다. 하지만 감사의 긍정적인 역할을 뒷받침하는 많은 증거가 있고, 모든 것이 잘못된 것처럼 느껴지는 곳에 갇혀 있다면 감사가 더욱 필요한 순간입니다.

켈리 최근 알바를 하면서 만난 동료 중 한 명과 이야기를 나누고 있었습니다. 그 친구는 화가 많이 나 보여서 일상적인 대화를 나누는 것조차 어려웠기 때문에 저는 그 친구를 한쪽으로 데리고 가서 무슨 일이 있는지 물어봤습니다. 알고 보니 최근 남자 친구와 헤어진 상태였습니다. 그 친구가 이별에 대해 이야기하기 시작했을 때 저는 그 친구가 감정적으로 매우 압도되고 화가 나 있다는 것을 알 수 있었습니다. 그 친구는 모든 게 엉망이고, 너무 불행하다고 계속 말했어요. 저는 그 친구의 아픔을 알아차린 다음 가족과 함께 보낸 겨울휴가가 어땠는지 물었습니다. 그 친구는 좋았다고 했어요. 그래서 친구들은 어땠냐고 물었죠. 그 친구는 학교에 돌아와서 친구들과 시간을 보낼 수 있어서 좋았고 방학 동안 친구들이 보고 싶었다고 말했습니다. 구직 활동은 어떻게 되어 가고 있는지 물었더니 방금 매우 기대되는 직장에 합격했다고 말했습니다. 우리는 인생에서 일어나고 있는 모든 좋은 일들에 대해 계속 이야기했고, 저는 그 친구에게 어려운 상황에서도 감

사해야 할 모든 것을 기억하도록 도와주었습니다.

감사는 천연 항우울제입니다. 감사할 일을 알아차리게 되면 우리 몸에 도파민과 세로토닌이 증가합니다. 이는 일부 정신과적 처방약이 제공하는 것과 동일한 효과를 부작용 없이 얻을 수 있는 자연스러운 방법입니다. 감사를 더 많이 할수록 신경회로에 더 많은 작용이 일어나고, 신경경로는 더 단단해집니다. 우리가 주의를 기울이면 성장하기 시작합니다. 이는 자연스럽게 일어나는 부정적 편견과 싸우고 올바른 것을 찾도록 주의를 전환하는 것이 중요하다는 것을 의미합니다. 시간이 지남에 따라 우리의 뇌는 문제나 잘못된 점을 찾는 대신 더 긍정적인 것을 찾도록 훈련이 됩니다. 감사를 실천할 때 얻을 수 있는 또 다른 이점은 현재 순간에 더 많은 주의를 기울일 수 있다는 것입니다.

이렇게 해 보세요! 지금 이 순간에, 그리고 삶과 하루의 긍정적인 측면에 주의를 기울이면 행복감을 높여 주고 장단기적인 이득을 얻을 수 있습니다.

매일 다음 연습을 해 보세요. 자신에게 맞는 스타일로 문장을 작성해 보세요. 이 문장들을 매일 감사한 일을 떠올리게 하는 촉진제(프롬프트)로 활용해 보세요.

며칠 동안 같은 내용을 쓰기도 할 것입니다. 괜찮습니다. 매일 다른 내용을 쓸 필요는 없습니다. 하지만 일상에 큰 변화를 가져올 수 있는 사소한 일에도 감사하는 마음을 가져 보세요. 긍정적인 것에 집중함으로써 부정적인 신념을 강화되는 것에서 벗어나 기분을 좋게 하고 삶을 개선하는 사람과 사건에 주의를 돌릴 수 있습니다.

켈리 다음은 제가 쓴 글입니다.

#1

감사한 것: 서로를 지지하고 끈끈하게 뭉친 가족

그 안에서 내 역할은: 형제, 엄마, 아빠와의 관계를 강화하기 위해 노력하는 것

그걸 생각하면 나는: 지금 현재에 만족하고 앞으로 우리 가족에게 펼쳐질 일들이 기대됩니다.

#2

감사한 일: 운동하고, 움직이고, 땀을 흘릴 수 있는 제 몸에 대해 감사하고 있습니다.

내가 한 것은: 잠을 잘 자고, 잘 먹고, 몸을 돌보는 것, 즉 몸이 놀라운 일을 할 수 있도록 하는 것입니다.

그걸 생각하면 나는: 뭔가 성취한 느낌이 들고 자랑스러운 기분이 듭니다.

#3

감사한 것: 교육

내가 한 것은: 열심히 공부하고 주어진 기회를 잘 활용하는 것입니다.

그걸 생각하면 나는: 대학생이자 교육받은 사람으로서 누릴 수 있는 모든 것에 대해 행운이라고 생각합니다.

저는 감사 연습을 정말 좋아합니다. 힘든 날에는 아침에 일어나면 나 자신에 대해 정말 자랑스러운 것, 내가 정말 잘하는 것, 그리고 그것이 오늘 나에게 어떻게 도움이 될 수 있는지에 대해 생각합니다. 그렇게 하면 긍정적이고 생산적인 하루를 시작하는 데 도움이 됩니다.

부정적인 신념과 그 신념을 강화하는 행동을 인식하고 장애물을 극복하기 위한 노력을 더 잘 이해할 수 있도록 해 보세요. 지금 여러분은 다음과 같은 상황에 처해 있을 수 있습니다. 주변 사람들이 내 삶의 부정적인 측면이나 영향에 더 많이 주목하는 것 같은 느낌이 들 수 있습니다. 그러니 잠시 시간을 내어 내 삶에 긍정적인 영향을 준 과거와 현재의 사람들을 떠올려 보세요. 한 번도 감사한 적이 없는 사람일 수도 있고, 더 자세히 감사하고 싶은 사람일 수도 있으며, 매일 보는 사람일 수도 있습니다. 반드시 편지를 보낼 필요는 없습니다. 연구에 따르면 편지를 쓰는 과정에서 행복감이 높아진다고 합니다.

이렇게 해 보세요! 내 삶에 기쁨을 가져다준 사람에게 감사의 편지를 써 보세요. 편지를 쓴 후, 그 과정을 되돌아보고 다이어리에 경험을 기록하세요. 편지를 쓰면서 기분이 나아졌나요?

켈리 학기 말에 특히 한 친구에게 너무 고마운 마음이 들어서 그 친구에게 편지를 써서 고마움과 우정을 표현하기로 결심했어요. 문자나

인스타그램 메시지로 쉽게 편지를 보낼 수도 있었지만, 옛날 방식으로 편지를 보내니 더욱 특별하게 느껴져서 우편으로 보내고 싶었습니다. 저는 편지지와 멋진 볼펜을 꺼내서 우리들의 관계와 함께한 멋진 추억에 대해 자유롭게 써 내려갔어요. 정말 기분이 좋았어요. 그 친구에게 더욱 감사한 마음이 들었어요. 봉투에 주소를 적고 편지를 부치러 우체국에 걸어갈 생각에 설레기도 했어요. 이 과정을 통해 제 감정과 존재에 대해 더 잘 알게 되었어요.

정리하기

마음챙김은 자기연민과 마찬가지로 게임체인저(판도를 바꾸는 요소)입니다. 자신의 생각, 감정, 신체적 감각을 판단하지 않고 관찰하면서 경험하는 그 순간에 머물 수 있다면 자신의 경험을 있는 그대로 받아들일 수 있게 됩니다. 이렇게 하면 부정적인 신념을 강화하는 자동적 행동 반응이 아닌 자신의 가치관에 부합하는 행동 선택을 할 수 있습니다. 또한 마음챙김을 실천하면 과거에 대한 후회나 미래에 대한 두렵고 걱정스러운 생각에 사로잡히는 것을 피할 수 있습니다. 이러한 방해 요소들이 사라지면 삶에서 감사한 것들을 더 잘 인식할 수 있습니다.

다음 장에서는 우리의 감정, 특히 감정과 우리의 관계, 그리고 감정이 어떻게 행동에 부정적인 영향을 미치고 부정적인 신념을 강화하는지에 대해 자세히 살펴보겠습니다.

06

감정과 폭풍의 '나'

감정은 우리 생각과 행동에 연료를 공급하는 강력한 힘입니다. 여러분은 자라면서 어떤 감정이 허용되고 어떤 감정이 허용되지 않는지에 대한 메시지를 받은 적이 있을 것입니다. 우리는 모두 감정에 대한 어떤 견해를 가지고 있고, 흔히 좋은 감정과 나쁜 감정으로 분류하기도 합니다. 또 어떤 감정은 다른 감정보다 더 견딜 수 있다고 생각하기도 합니다. 2015년 개봉한 애니메이션 영화 〈인사이드 아웃〉을 보셨나요? 이 영화는 우리가 느끼는 모든 감정의 중요성을 잘 보여 줍니다. 영화 제작진은 스토리를 단순하게 하고 시간적인 한계를 의식해서 분노, 슬픔, 기쁨, 두려움, 혐오의 다섯 가지 감정만 선택했습니다. 우리 자신에 대한 부정적인 믿음을 이야기할 때, 두려움을 가장 먼저 떠올릴 수 있습니다. 다른 사람이 우리가 가진 결점을 볼까 봐 두려워하고, 거절당할까 봐 두려워하고, 실패할까 봐 두려워하고, 충분하지 못할까 봐 두려워합니다. 감정은 다른 사람과의 상호작용은 물론 현재와 과거의 상황을 바라보는 방식에 영향을 미칩니다. 즉, 사물, 상황에 대한 지각은 그것을 보는 시점에 존재하는 감정에 의해 덧칠되거나 왜곡됩니다. 그리고 부정적인 믿음이 촉발되면 감정이 우리의 마음을 장악합니다. 이를 편도체 납치(하이재킹)라고 합니다. 편도체는 뇌의 변연계에 위치하며, 뇌의 통제 영역인 전전두엽 피질은 아직 발달 중이기 때문에 10대에는 편도체가 더 활발하게 활동합니다. 편도체 납치는 왜 10대 청소년들이 이 발달 단계에서 더 감정적으로 되는지 그 이유를 설명합니다.

자신 그리고 자신의 불완전함에 대한 부정적인 믿음은 다른 사람에게 보이고 싶지 않고 자신에 대한 기분을 나쁘게 만드는 일부분을 숨기거나 거부하게 만듭니다. 숨기거나 거부하려는 것에는 감정이 포함될 수 있습니다. 부분적으로는 어떤 감정은 털어놓기 어려운 이유가 됩니다. 많은 경우 우리는 모든 감정을 표현하지 못하며 표현하더라도 수치심을 느끼곤 합니다. 어떤 사람은 감정 표현을 잘 하지 않는 부모를 둔 경우도 있습니다. 이 경우 건강하고 생산적인 방식으로 감정을 식별하고, 처리하고, 표현하는 방법을 배우지 못합니다. 심지어 감정의 인식과 표현을 거부하는 것은 자신에 대한 거부로 내면화될 수도 있습니다. 어떤 감정이 나쁘다는 이야기를 들으면 그런 감정을 느끼는 내가 나쁜 사람이고, 어떤 감정이 중요하지 않다는 말을 들으면 그런 감정을 표현하는 내가 중요하지 않다고 느낄 수 있습니다. 이렇게 자신 안에 있는 감정적인 부분을 거부하면 공허하고 정서적 고통을 다루는 것이 서투른 상태가 됩니다.

이 장에서는 감정의 힘, 특히 어떤 신념(믿음)을 유발하는 사건, 사람, 상황으로 인해 발생하는 부정적인 감정에 대해 설명합니다. 현재 자신의 감정이 어떤 상태인지 더 잘 이해하고 정서적 불편함을 어떻게 하면 잘 견딜 수 있을지 알게 되면 가치에 더 가까이 다가가는 방식으로 행동할 수 있습니다.

켈리 제가 특히 감당하기 어려운 감정 중 하나는 스트레스입니다. 학교 과제나 시험, 가족이나 친구와의 문제 등 특정한 일로 인해 스트레스를 받으면 그 감정을 세세하게 구분하기가 어렵습니다. 스트레스가 제 삶의 다른 모든 부분에도 안 좋은 영향을 미치는 것 같아요. 또한 친한 친구나 또래들이 모두 각자의 학업 과제에 시달리고 있다는 것을 알면서도 나보다 스트레스를 잘 관리하고 있고 적어도 나보다 나아 보이면 너무 스트레스를 받고 있다는 사실을 인정하기가 부끄러워요.

부정적인 촉발사건 때문에 발생하는 강렬한 감정을 관리하는 것은 어려운 일입니다. 부정적인 신념이 촉발되었을 때의 위협 반응은 그것을 없앨 수 있는 행동을 취하고 싶은 강렬한 충동을 불러일으킵니다. 불안은 생존 기능을 하며, 위협이나 위험한 상황에 직면했을 때 우리를 싸움, 도피 또는 동결 모드로 전환합니다. 부정적인 믿음이 촉발되면 높은 수준의 불안을 경험하게 되고, 이는 다시 두려움을 활성화합니다. 불안과 두려움을 함께 경험하는 경우가 많지만, 불안과 두려움은 엄연히 다른 두 가지 감정입니다. 불안은 미래에 일어날 수 있는 일에 대비하려고 나타나는 반면, 두려움은 즉각적인 위협이나 위험에 대한 반응입니다. 심박수가 빨라지고, 손발이 차가워지거나 저리거나 마비되고, 호흡이 빨라지고 힘들어지며, 누군가 가슴을 누르고 있는 것처럼 숨을 쉴 수 없는 느낌이 들거나, 입이 마르고, 속이 메슥거리는 느낌이 드는 등 신체 감각은 여러분에게 익숙한 것일 수 있습니다. 위협과 불편한 감정 그리고 그에 따른 감각을 없애기 위해 즉시 행동하고 싶은 충동을 느낄 수 있습니다.

어떤 상황에서는, 그리고 확실히 인류 역사를 볼 때, 이러한 충동에 따라 행동하는 것은 적응과 관련이 있습니다. 사자를 마주하고 있는 상황, 즉 죽이거나 죽임을 당하거나 둘 중 하나입니다. 현대에서는 다가오는 차량과 정면충돌을 피하기 위해 핸들을 꺾는 경우를 예로 들 수 있습니다. 하지만 부정적인 신념이 촉발될 때 우리가 느끼는 감정은 참을 수 없는 수준이며, 위협을 제거하기 위해 신속하게 반응해야 할 것처럼 느껴집니다. 실제로는 그렇지 않더라도 그 순간 생명을 위협하는 것처럼 느껴지기 때문입니다.

감정적 화이트아웃

참기 힘든 이런 감정들을 인식하고 그 기능을 이해하는 것은 감정을 다루는 방법을 배우는 데 있어서 중요한 단계입니다. 삶을 온전히 경험하기 위해서는 이러한 모든 감정이 필요하므로 감정을 다루는 방법을 배우는 것이 필요합니다. 감정은 때때로 우리를 기분 나쁘게 만들 수 있지만, 사실 감정이 문제가 아닙니다. 감정에 반응하는 우리의 행동이 문제를 일으킬 수 있습니다. 부정적인 믿음이 촉발되면 감정의 폭풍이 일어나 압도적으로 느껴질 수 있습니다. 이러한 감정적 폭풍은 흔히 주변의 다른 모든 것에 눈을 멀게 합니다.

눈보라가 몰아칠 때 바람과 휘몰아치는 눈으로 인해 아무것도 보이지 않는 화이트아웃이 발생한다고 상상해 보세요. 앞이 잘 보이지 않는 상황에서 사람들이 운전을 계속해서 차량이 도로를 이탈하고 여러 대의 차량이 추돌하는 장면을 뉴스에서 본 적이 있을 것입니다. 감정에 휩싸여 앞을 보지 못할 때도 같은 일이 일어납니다.

감정적 화이트아웃은 부정적인 신념이 촉발되어 여러가지 감정들과 그와 관련된 생각과 감각이 넘쳐 날 때 발생하며, 현재 상황에 대해 눈이 멀어집니다. 동시에, 마치 그것이 제거해야 할 어떤 위협처럼 느껴져서 빠르게 반응하고 싶은 충동이 생깁니다. 안타깝게도 이때는 일시적으로 현재 벌어지고 있는 일에 대해 눈이 멀게 됩니다. 압도적인 감정적 경험에 대한 행동적 반응은 일반적으로 도움이 되지 않습니다. 그리고 대체로 자신에 대한 기분이 더 나빠지는 결과가 초래됩니다.

현서의 이야기

감정이 어떻게 잘못 전달되는지 보여 주는 예로 현서의 이야기를 살펴봅시다.

현서는 대학 1학년 때 가장 친한 친구 중 한 명인 지수와 함께 살았습니다. 이제 2학년이 되자 더 이상 함께 살지 않게 되면서 둘의 관계가 멀어지고 상호작용도 뜸해졌습니다. 현서는 지수와 많은 시간을 함께 보내지 못한다고 느꼈을 때 자신의 욕구와 감정을 표현하는 것이 정말 어려웠습니다. 다음은 현서가 겪은 경험 목록입니다. 현서는 지수가 너무 바쁘다고 느꼈습니다.

- 몇 주 동안 함께 시간을 보내지 못한 것에 대한 속상함.
- 더 이상 연결되지 않고 친밀하지 않다는 느낌
- 지수가 바쁠 때 나를 만나려고 노력하지 않은 것에 대한 불만
- 우리 사이의 더 좋은 시절을 그리워하지만 어떻게 다시 되돌릴 수 있을지 모르겠음.
- 외로움과 혼자라는 느낌

현서는 지수에게 이런 감정을 제대로 표현하지 못했습니다. 분명히 좌절감과 복잡한 감정이 쌓이고 있었고, 그 경험은 자신이 충분하지 않다는 부정적인 믿음을 불러일으키고 있었습니다. 그러다가 현서와 지수는 낮에 학교 캠퍼스를 지나가다 마주쳤고 둘은 저녁에 같이 만나서 좋은 시간을 보내기로 약속했습니다. 그날 밤, 둘은 영화를 같이 보러 가고 새로 오픈한 식당에 가기로 계획했지만 막판에 지수는 수업 과제가 밀렸다고 약속을 미루었습니다. 현서는 지수가 자신과의 우정보다 다른 일을 더 우선순위에 두고 있다는 또 다른 신호로 이 일을 해석했습니다. 그러자 감정의 폭풍이 몰아쳤습니다. 지수를 보자마자 현서는 감정에 휩싸여 화이트아웃이 일어났음을 느꼈습니다! 지금 이 순간에 일어나고 있는 어떤 일도 보거나 들을 수 없었습니다. 당시 현서는 무슨 일이 일어나고 있는지 분간이 되지 않았습니다. 현서는 지수에게 심하게 화를 냈습니다. 현서는 지수에게 자신이 얼마나 끔찍했는지 말했고 더 이상 친구가 되고 싶지 않다고 말했습니다. 현서는 단 몇 분 만에 두 사람의 우정을 날려 버렸습니다. 그 순간 현서는 자신이 겪고 있던 고통스러운 감정을 모두 털어 버렸다는 사실에 기분이 나아졌습니다. 지수는 깜

짝 놀랐고 매우 화가 났습니다. 현서가 자신이 잘 알고 지내던 친구처럼 행동하지 않았기 때문에 혹시 현서가 마약이나 정신을 변화시키는 물질을 복용하고 있는 것은 아닌지 의심할 뻔했습니다. 지수는 현서의 마음을 돌리려고 설득하고 싶었지만 불가능했습니다.

다음 날 아침, 감정의 폭풍이 지나가고 현서는 정신을 차릴 수 있었습니다. 다음은 현서가 쓴 글입니다.

- 기분이 끔찍하다(폭발한 후에는 항상 그렇다).
- 지수에게 한 말이 후회가 된다.
- 적절한 의사소통을 하지 못하면 항상 실패한 사람처럼 느껴진다.
- 모든 것을 되돌릴 수 있었으면 좋겠다.
- 도망가고, 숨고 싶고, 지수를 마주하거나 그 애와 대화하는 것조차 힘들다.
- 내 행동에 대해 합리적으로 설명하기 어려우니 결함이 많은 사람처럼 느껴진다.
- 외로움과 고립감을 느낀다. 그냥 침대에 누워 있고 싶다.
- 친구한테 나쁘게 행동해서 부끄러움이 너무 크다.

여러분도 비슷한 경험을 했을 겁니다. 어떤 사람이나 사건에 대한 반응이 지나치게 과했던 적이 있나요? 혹시 과민반응을 보였나요? 우리 모두는 한 번쯤 이런 경험을 합니다! 이런 일이 발생하는 것은 우리가 경험을 잘 인식하지 못할 때 발생합니다. 현서가 자신의 경험에 대해 쓴 노트에서 볼 수 있듯이, 그 경험은 기분을 더 나쁘게 만들었고 부정적인 신념을 강화시켰습니다.

이렇게 해 보세요! 이제 방금 설명한 것과 같은 감정적 화이트아웃을 일으켰던 경험에 대해 한 가지 이상 생각해 볼 수 있나요? 촉발 사건이 될 만한 어떤 일이 있었나요? 아니면 갑자기 발생했나요? 어떤 생각과 감정이 들었나요? 어떻게 반응했나요? 그 결과는 어땠나요? 감정의 눈보라가 지나간 다음 날 기분이 어땠나요? 여러분의 경험을 다이어리에 기록하세요.

자극적인 상황이나 사람에게 재빨리 반응하는 것은 위협, 고통스러운 감정에 대처하기 위한 본능적인 반응입니다. 단기적으로는 효과가 있지만 대개 장기적으로는 부정적인 결과를 초래한다는 것을 몇 번 강조했습니다. 단기적인 이점(예: 고통스러운 감정의 해소)과 감정적 행동의 장기적인 결과(예: 타인에게 상처를 주고 관계를 해치는 것)에 대해 알아차릴 수 있나요?

부정적인 신념을 다루는 전략, 회피하기

고통스러운 감정을 없애기 위한 또 다른 전략은 그러한 감정을 아예 경험하지 않도록 피하는 것입니다. 문제, 어려움 또는 도전을 어떻게 바라보는지는 자신을 어떻게 보는지에 영향을 받습니다. 자신의 결점이나 불완전함을 쉽게 탓할 수 있습니다. '내가 이런 면에서 부족하지 않았다면 이런 문제가 생기지 않았을 텐데.'라고 생각할 수도 있습니다. 어떤 도전이나 문제가 어떻게 부정적인 믿음을 유발하는지 알 수 있습니다. 이러한 생각은 종종 부정적인 신념을 유발할 수 있는 상황을 피하도록 유도합니다. 시간이 지나면 그러한 상황에 노출될 때마다 자신에 대해 기분이 나빠지기 때문에 삶의 모든 영역을 피하게 될 수도 있습니다. 자신에 대해 기분이 나빠지는 경향이 있어서 피하는 상황, 장소, 사람을 생각해 볼 수 있나요? 다이어리에 답을 기록하세요.

켈리 어렸을 때 저는 학교 배구팀에서 뛰는 것을 즐겼습니다. 유니폼을 입고, 새로운 스포츠를 배우고, 팀원들과 친해지고, 활기차고 열정적으로 경기에 임할 수 있어서 좋았어요. 하지만 얼마 지나지 않아 다른 팀원들만큼 제 실력이 늘지 않는 것 같다는 생각이 들기 시작했습니다. 모두 초보로 시작했는데 어떤 친구들은 오버핸드 서브를 모두 넘기고 스파이크 볼을 끊임없이 넣는 등 뛰어난 플레이를 하고 있었죠. 저는 아직 어떻게 해야 할지 몰라 어색하고 열등감을 느꼈고, 그들만큼 잘하지 못한다는 생각도 들었어요. 팀에 있어도 마음은 팀에 있지 않았어요. 연습할 때 어떤 훈련은 제대로 못 할 것 같아서 안 할 핑계를 찾기도 했어요. 경기 중에는 벤치에 앉아서 다른 선수들이 제 자리를 차지하도록 독려하기도 했죠. 그러던 어느 날, 연습 도중 무릎을 삐끗했는데요. 며칠 동안 아팠기 때문에 몇 주 동안 쉬기로 결정했습니다. 이렇게 하면 연습할 때 어색해하지 않아도 되니까요. 그냥 배구를 피할 수 있었고, 내가 실력이 없으니 더 이상 배구를 하고 싶

지 않다고 다른 사람들에게 털어놓을 필요가 없으니까 회피하고 싶은 마음이 컸던 거 같아요.

2장에서는 부적절함, 무가치함, 결함이 있다는 느낌에 대처하는 데 도움이 되는 행동을 확인했습니다. 기분을 더 좋게 하기 위해 하는 행동 중 하나로 회피를 알아차렸다고 가정해 보겠습니다. 그 후 3장에서 여러분은 자신의 가치, 즉 자신에게 정말 중요한 것이 무엇인지 파악했습니다. 이 과정에서 회피가 삶에 미치는 부정적인 영향, 즉 가치에 부합하는 삶을 사는 데 방해가 된다는 점을 인식했을 것입니다. 단기적으로는 자신을 자극하는 무언가를 무시하거나 피하는 것은 기분을 더 좋게 합니다. 이메일을 열지 않거나, 문자를 무시하거나, 마감일을 놓치거나, 누군가와 대화를 피하는 등 어떤 회피 방법을 사용하든 결과는 동일합니다. 당장은 기분이 나아질지 모르지만 회피는 오히려 문제를 악화시키고, 결국 자신에 대한 기분을 더 나쁘게 만듭니다. 따라서 회피 전략은 자신에 대한 부정적인 믿음을 강화하는 경향이 있습니다. 우리는 이러한 신념들을 바꾸고 싶습니다. 가치에 초점을 맞추고 두려움과 부정적인 신념이 아닌 가치에 수반된 삶을 살도록 행동을 유도하는 이유가 그것입니다.

지금까지 수치심, 상처, 슬픔, 외로움, 분노 등 부정적인 신념과 관련된 감정에 대해 이야기했습니다. 이런 감정을 경험할 때 우리는 고통을 느낍니다. 고통을 없애기 위해 즉각적인 조치를 취하는 것은 자연스러운 충동입니다. 하지만 시간이 지나면서 이러한 노력이 더 많은 고통을 유발한다는 것을 알게 되고, 효과가 없다는 것을 이해하게 됩니다. 그렇다면 무엇이 효과적일까요? 해결책은 우리가 고통과 관계를 맺는 방식을 바꾸는 것입니다.

이 장의 시작 부분에서 우리는 영화 〈인사이드 아웃〉에 대해 이야기했습니다. 이 영화에서 우리는 슬픔 없이는 기쁨을 경험할 수 없다는 것을 알게 됩니다. 사실 모든 감정은 그것이 좋은 것이든 나쁜 것이든 간에 우리 삶에서 중요한 기능을 합니다. 마찬가지로 중요한 것은 우리가 싫어하는 감정을 없앨 수 없다는 것입니다. 우리는 고통을 경험하지 않으면 즐거움을 경험할 수 없습니다. 고통과 힘든 감정은 인간 경험의 일부라는 것을 받아들일 때, 우리는 그것과 싸우는 것을 멈출 수 있습니다. 고통과 싸우려고 하지 않는다면 추가적인 고통이 더 생기지 않습니다.

이 개념을 받아들이는 데 어려움이 있으시더라도 걱정하지 마세요. 여러분은 혼자가 아니니까요. 평온의 기도(Serenity prayer)를 한 번쯤 들어 보셨을 것입니다.

> "하느님, 제가 바꿀 수 없는 것을 받아들일 수 있는 평온함과 바꿀 수 있는 것을 바꿀 수 있는 용기, 그리고 그 차이를 구분할 수 있는 지혜를 허락해 주세요."

이 간단한 기도는 중독을 극복하기 위한 12단계 프로그램에서 활용되며(여러분은 중독에 익숙할 수도 있고 익숙하지 않을 수도 있습니다), 자신의 어려움을 더 잘 인식하고 어떻게 변화시킬 수 있는지를 더 잘 알게 해 줍니다. 또한 특정 종교를 믿지 않는다 하더라도 위 메시지를 이해하기 위해 특정 종교를 실천할 필요는 없습니다.

그렇다면 우리가 통제할 수 없는 것은 무엇일까요? 우리는 생각, 신체 감각, 충동과 욕망, 감정, 타인의 행동을 통제할 수 없습니다. 통제할 수 있는 것은 무엇일까요? 우리가 통제할 수 없는 모든 것에 대한 우리의 반응은 통제할 수 있습니다. 즉, 통제할 수 없는 것에 직면했을 때 어떤 선택을 할지, 어떤 행동을 할지는 통제 가능하다는 의미입니다. 이 말이 이해가 되나요? 자신의 삶에서 통제할 수 있는 것이 무엇인지 알면 더 힘을 얻을 수 있을 것 같나요?

켈리 이 메시지가 정말 공감이 갑니다. 제가 통제할 수 있는 것과 통제할 수 없는 것을 구분하는 것이 중요합니다. 때때로 저는 다른 사람의 행동을 통제할 수 있었으면 좋겠다고 생각했어요. 특히 저를 화나게 하는 친구들의 행동을 통제할 수 없다는 사실은 저를 좌절하게 합니다. 하지만 제가 할 수 있는 일에 집중하면 기분이 훨씬 나아집니다. 비록 제가 친구의 행동을 바꿀 수는 없지만, 친구의 행동이 제 기분을 어떻게 만드는지는 말할 수 있습니다. 제가 통제할 수 없는 것에 대해 좌절하는 것보다 훨씬 더 생산적으로 반응할 수 있을 것 같습니다. 예를 들어, 제 룸메이트 중 한 명이 엄청나게 지저분한 편입니다. 가끔은 그 친구가 어질러 놓은 물건과 더러운 설거지를 무시할 수 있습니다. 하지만 다른 때, 특히 제가 학업 스트레스를 받을 때는 정말 신경이 쓰입니다. 그냥 깨끗하게 해 줬으면 좋겠다는 생각에 화가 나기도 하죠. 하지만 아무리 이야기를 해도 그 친구의 행동은 바뀌지 않아요. 이때 제가 느끼는 감정을 그 친구와 나누는 것이 중요하다고 생각합니다. 제 기분을 나아지게 하기 위해 제가 하는 또

다른 것은 나만의 공간에 들어가서 방을 정리하고 거기서 위안을 찾는 것입니다.

우리는 살아오면서 눈에 보이는 대상을 통제할 수 있듯이 내면의 경험도 통제할 수 있다는 인상을 주는 메시지를 많이 받습니다(예: 셔츠가 싫으면 버리거나 줘 버려). "진정해." "걱정하지 마." "슬퍼하지 마." "정신 차려." "차분하게 행동해." 등과 같은 말을 듣습니다. 어렸을 때 "뜨거운 난로를 만지지 말아라. 그렇지 않으면 화상을 입을 수 있다."라는 메시지를 듣고 화상을 입지 않기 위해 뜨거운 난로를 피했을 것입니다. 그건 좋은 일입니다. 이러한 경험을 통해 우리는 고통을 유발하는 것을 피함으로써 내면의 고통도 없앨 수 있다고 믿게 됩니다. 따라서 어느 정도는 회피가 유용한 전략이지만, 그렇게 할 경우 인생에서 중요한 부분을 놓치게 된다는 사실을 3장에서 알게 되었을 것입니다.

두려움이라는 감정은 우리 자신에 대한 부정적인 믿음과 관련이 있습니다. 이제 두려움에 대해 좀 더 자세히 살펴봅시다. 감정을 통제하려고 할 때 발생하는 문제를 이해하는 데 도움이 되는 간단한 사고 실험이 있습니다.

잠시 후 사자가 방에 들어올 것이고, 이 사자는 두려움에 떨거나 도망치려는 사람만 잡아먹는다고 가정해 봅시다. 이 사자는 상당히 예민해서 여러분이 보이는 사소한 두려움의 표시도 감지할 수 있습니다. 두려움을 느끼지 않고 도망치려 하지 않는다면 완전히 안전하며 사자가 잡아먹지 않을 것입니다. 하지만 조금이라도 두려움을 느끼거나 도망치려고 하면 사자는 이를 알아채고 여러분을 잡아먹을 것입니다.

무슨 일이 일어날까요? 아마 두려움을 느끼기 시작할 거예요. 그 두려움을 통제할 수 있을까요? 두려움을 느끼지 않게 할 수 있을까요? 냅다 도망치는 것은 어떨까요? 달릴지 말지를 조절할 수 있다고 생각하십니까? 도망치지 않을 수 있나요? 도망치기를 멈출 수 있다면, 같은 방식으로 두려움을 느끼지 않도록 할 수는 없을까요?

이제 사자를 쓰다듬는 한 사자가 여러분을 잡아먹지 않는다고 가정하면 어떻게 될지 상상해 보세요. 여러분은 어떻게 하겠어요? 아마 사자를 쓰다듬기 시작하겠죠? 사자에게 먹이를 주는 한 사자가 잡아먹지 않는다고 한다면 어떻게 할까요? 여러분은 어떻게 하시겠어요? 아마 사자에게 먹이를 줄 것입니다. 여기서 중요한 점은 우리의 행동과 손과 발로 하는 일을 통제하는 것과 감정적 반응을 통제하는 것은 매우 다르다는 것입니다. 생각, 감정, 감각은 세상에 있는 어떤 물건(대상)과는 다릅니다. 우리는 그것들을 바꾸거나 통제할 수 없습니다.

행동을 바꾸고 통제하는 것은 감정과 같은 내적 경험을 바꾸려는 시도와는 매우 다릅니다. 세상에 존재하는 사물을 대하는 것과 같은 방식으로 내면의 경험을 다룰 수 없습니다. 효과가 전혀 없습니다. 우리의 생각, 감각, 감정, 충동, 기억은 우리 내면에 있기 때문에 자신의 내면으로부터 도망치거나 벗어날 수 없습니다.

고통과 괴로움은 100% 모든 사람들에게 일어납니다. 누구나 한 번쯤은 실망, 비난, 외로움, 슬픔을 느낄 만한 경험을 했을 것입니다. 여러분은 자신의 내면에 있는 어떤 생각이 다시는 머릿속에 떠오르지 않도록 할 수 있었나요? 그런 내적 경험은 원하지 않을수록 더 많이 경험하게 됩니다. 부정적인 신념에 수반되는 고통을 억지로 누르거나 강화 행동으로 밀어내려고 할수록 그 고통은 더욱 강렬하고 고통스러워집니다. 부정적 신념과 관련된 정서적 고통에 저항하면 할수록 그 신념은 더 강해질 뿐입니다. 통제하려는 모든 노력은 오히려 부정적인 신념을 더 강하게 만듭니다.

이렇게 해 보세요! 이제 여러분이 피하려고 했던 생각과 감정을 식별해 보세요. 이 생각과 감정을 회피하다가 중요한 일을 하지 못했던 경우를 생각해 볼 수 있나요? 이로 인해 여러분이 중요하다고 여기는 가치를 실현하는 데 방해가 된 적이 있나요? 이를 나열해 보고, 회피적인 반응으로 인해 더 의미 있는 삶을 살고 싶은 마음에 어떻게 방해가 되었는지 생각해 보세요.

이제 색인 카드의 한 면에 없애거나 피하려고 했던 생각이나 감정을 적으세요. 같은 색인 카드의 다른 면에는 이러한 회피 노력으로 인해 뭔가를 추구하고 하려고 했으나 하지 못했던 삶의 영역과 가치들을 적어 보세요. 그 고통스러운 생각과 감정을 없애기 위해 카드를 버린다고 상상해 보세요. 또 어떤 것을 버릴 수 있는지 알아차릴 수 있나요?

은지의 경험

은지는 항상 새로운 것을 시도하는 것이 두려웠습니다. 은지는 익숙한 일상이나 틀에서 벗어나는 것을 좋아하지 않습니다. 주중에는 학교에 다니고 운동 연습을 하고, 금요일 밤에는 가장 친한 친구 두 명과 함께 쇼핑몰에 가서 식사를 하고 영화를 보러 갑니다. 최근 친구 중 한 명인 은빈이는 학교에서 새로운 아이들과 어울리고 있습니다. 은빈이는 은지와 다른 친구들에게 금요일 밤에 영화관에 가지 말고 새로 사귄 친구 집에 가서 여러 사람들과 어울리자고 했습니다. 처음에 은지는 기분이 나빴고 은빈이가 자신보다 다른 친구를 선택한다고 느꼈습니다. 은지는 친구에게 자신의 기분을 말했고, 은빈이는 새 친구들을 옛 친구들에게 소개해 주고 싶고, 이번이 좋은 기회가 될 것이라고 답했습니다. 은지는 은빈이에게 금요일은 영화의 밤이기 때문에 다른 날 밤에 하는 게 좋겠다고 말했습니다. 은빈이는 은지의 고집을 이해하지 못했고, 결국 은지는 금요일 밤을 집에서 보냈습니다.

여기 은지의 색인 카드가 있습니다.

- 내가 회피하는 것: 새로운 사람을 만나고 새로운 것을 시도할 때 느끼는 불편함
- 나의 가치: 좋은 친구가 되고 우정을 키우는 것

은지는 은빈이의 제안을 거절할 때 불편함을 피할 수 있었지만, 친구와의 시간, 새 친구들을 만나고 사귈 수 있는 기회도 잃게 되었습니다. 은지의 회피 반응이 어떻게 자신이 중요하게 여기는 가치에서 멀어지게 했는지 알 수 있을까요?

정서적 고통은 도움이 되지 않는 대처 행동으로 이끌게 됩니다. 그 순간 상처를 받고, 더 상처를 받고 싶지 않아 감정적 고통을 없애기 위한

반응을 합니다. 이러한 행동이 고통을 없애지 못한다는 것을 알고 있습니다. 사실 이러한 행동은 오히려 고통을 가중시킬 뿐입니다. 고통스러운 감정이나 부정적인 생각을 없앨 수는 없으며, 항상 떠오르기 마련입니다. 그렇다면 고통스러운 감정이 떠오를 때 어떻게 대처해야 할까요? 고통스러운 감정을 받아들이는 몇 가지 전략을 배워 보세요. 왜 고통스러운 감정을 받아들이는 방법을 배워야 하는지 궁금하실 것입니다.

먼저, 부정적인 믿음을 유발하는 상황이나 상호작용에서 감정이 일어날 때 어떤 일이 일어나는지 살펴봅시다. 감정이 격렬하고 고통스러우면, 그 감정은 고통을 경험했던 또 다른 때를 떠올리게 합니다. 그러면 갑자기 감정적인 화이트아웃에 빠집니다. 현재의 어떤 것도 객관적으로 명확하게 볼 수 있는 여지가 없어집니다. 일시적으로 앞이 보이지 않게 되고, 자동적으로 반응하고 도움이 되지 않고 자기패배적인 방식으로 반응하게 됩니다. 다시 말하지만, 감정의 폭풍이 가라앉고 나서야 자신의 반응이 또 다른 문제를 일으켰다는 것을 알게 됩니다. 이미 언급했듯이 감정을 없앨 수는 없지만, 고통스러운 감정을 감내하고 관리하는 방법을 배울 수는 있습니다. 한번 살펴보겠습니다.

감정 감내하기

때로 우리는 고통을 유발하는 감정 상태에 계속 머물게 하는 활동에 참여합니다. 이러한 행동이 자동적으로 이루어지고 생존 본능이 이러한 행동반응을 이끌기 때문에 알아차리지 못할 때가 있습니다. 감정을 지속시키는 세 가지 요소가 있습니다.

1. 반추　고통스러운 경험을 계속 반복해서 생각합니다.

2. 회피　감정을 있는 그대로 직면하거나 받아들이지 않습니다.

3. 감정 중심 행동　자기패배적이고 자신 또는 타인에게 상처를 주는 행동을 합니다.

이렇게 해 보세요!　고통스러운 감정을 지속시키는 행동이 있다면 어떤 것이 있는지 알아볼 수 있나요? 다이어리에 기록해 보세요.

주혜가 쓴 내용을 살펴봅시다.

> 어렸을 때 교통사고를 당했는데, 크게 다치거나 하지는 않았지만 너무 무서워서 악몽을 자주 꿉니다. 그래서 저는 차 타는 것을 좋아하지 않아요. 다행히 저희 집은 학교 근처라서 걸어서 등하교할 수 있어요. 하지만 가끔은 제가 가야 할 곳까지 걸어서 갈 수 없을 때가 있었습니다. 이런 상황은 저를 너무 두렵게 합니다. 계속 사고 생각만 나요. 머릿속에서 사고 장면이 계속 재생되는 것을 막을 수가 없어요. 두려움을 유발하는 상황을 계속 피하다 보니 제 삶과 인간관계가 제한되고 있습니다. 그리고 자신에 대해 더 나쁘게 느끼고 새 친구를 사귀고 새로운 일을 시도하는 능력에 대한 자신감도 떨어집니다.

어려운 감정을 다루는 열쇠는 자기 자신에 대한 기분을 나쁘게 만들거나 상황이나 관계를 악화시키지 않는 행위, 행동을 선택하는 것입니다. 고통감내력은 추가적으로 해로운 결과를 초래하지 않는 선택을 할 수 있도록 도와주는 심리 기술입니다. 고통감내력은 심리학자 마샤 리네한이 개발한 변증법적 행동치료에 나오는 기법입니다. 이 기법의 목표는 상황을 악화시키지 않고 감정적 화이트아웃을 극복하는 것입니다. 이전 장에서 여러 번 이야기했지만, 모든 생각, 감정, 신체 감각은 일시적인 것이며 시간이 지나면 사라진다는 사실을 다시 한번 강조합니다. 그것들은 영구적이지 않습니다. 힘든 감정을 겪고 있고 이 감정을 빨리 없애고 싶은 충동을 느낄 때 이 사실을 기억하는 것이 중요합니다. 이미 알고 계시겠지만, 이러한 방법은 단기적으로는 효과가 있는 것처럼 보일지라도 더 많은 문제를 야기하는 경향이 있습니다.

고통스러운 감정과 상황에 어떻게 대처해 왔는지를 알게 되면 앞으로 더 나은 선택을 하는 데 도움이 됩니다. 자신에 대한 부정적인 믿음이 촉발될 때 경험하는 감정은 종종 압도적이고 견딜 수 없는 수준으로 느껴집니다. 물론 이러한 감정을 가능한 빨리 없애고 싶은 충동을 자연스럽게 느끼게 됩니다. 여러분의 반응이 어떤 방식으로 더 많은 문제를 일으키는지 살펴봅시다.

다음은 고통스러운 감정에 반응할 때 우리가 흔히 취하는 행동과 이러한 행동에 따른 비용에 대해 설명하고자 합니다. 자신에게 해당되는 행동을 파악할 때, 스스로를 판단하지 말고 자기연민을 연습하며 단기적으로는 자신의 반응이 그럴 만한 것이었다는 점을 기억하세요.

행동: 다른 사람을 비난, 비판, 도전 또는 저항하는 행동을 함.

비용: 우정, 연애 관계, 가족의 상실, 사람들이 나를 피함, 다른 사람의 감정을 상하게 함.

행동: 겉으로는 순응하는 것처럼 보이지만 미루기, 불평, 지각 또는 저조한 수행으로 저항함.

비용: 건강하지 못한 관계를 참으며 학교, 일 또는 가정에서 문제를 일으킴.

행동: 원하는 것을 얻기 위해 다른 사람을 통제함.

비용: 사람들을 소외시키고 고통을 유발함.

행동: 다른 사람에게 깊은 인상을 남기고 관심을 끌려고 노력함.

비용: 사람들과의 진정한 관계를 놓치고 그들을 소외시킴.

행동: 조작, 착취 또는 유혹하기

비용: 관계를 망치고, 신뢰하지 않는 분위기를 조성하며, 사람들을 소외시킴.

행동: 고립, 사회적 위축, 다른 사람들과 연결 끊기 및 철수

비용: 잠정적으로 즐거운 경험과 좋은 일을 놓치고, 우울하고 혼자 있게 되고 외로움을 느낌.

행동: 지나친 자율성, 독립적이고 자립적인 것처럼 보이고 독서, SNS에 몰두하기와 같은 고독한 활동을 함.

비용: 혼자 있는 시간이 많아지고 우울감, 단절감, 외로움을 더 많이 느낌.

행동: 강박적인 행동, 위험 감수 또는 신체 활동을 통해 흥분이나 주의 산만하게 행동함.

비용: 건강 문제, 관계 문제가 발생하고 수치심을 경험함.

행동: 약물, 알코올, 음식을 통해 흥분을 추구함.

비용: 의존성과 중독이 발생하고 관계 문제와 건강상의 문제를 겪게 됨.

행동: 해리, 부정, 환상 또는 기타 내적 형태의 철수, 도피

비용: 외로움, 수치심, 우울증으로 인해 어려움을 겪음.

행동: 다른 사람에게 너무 많이 의존하고, 굴종하고, 독립적이지 않고, 수동적으로 행동하고, 갈등을 피하고, 다른 사람을 기쁘게 하려고 노력함.

비용: 자기 욕구를 상대방에게 너무 투영해서 상대에게 과도한 부담을 주며, 정작 자기 욕구는 충족되지 않음.

추가적인 행동과 그에 따른 비용을 다이어리에 적어 보세요.

이렇게 해 보세요! 부정적인 감정에 대처하기 위해 취하는 행동과 그에 따른 비용을 다이어리에 기록해 보세요.

앞에 나온 현서를 기억하시나요? 현서와 친구 지수는 부정적인 상호 작용을 했었죠. 다음은 현서가 쓴 글입니다.

> 저는 지수를 비난하고 비판하며 그 아이에게 너무 많이 의존하고 있었습니다. 그로 인해 우리 우정이 손상되고 관계에 과도한 부담을 주었습니다.

현서는 자신이 저지른 행동과 그로 인한 대가, 즉 결과를 인식할 수 있었습니다. 부정적인 행동의 대가를 인식함으로써 어려운 감정을 다룰 때 자신의 행동 방식을 알아차리고 더 의도를 갖고 행동할 수 있게 되었습니다.

고통 vs 괴로움

우리는 이미 고통의 현실에 대해 이야기했습니다. 고통은 인간 경험의 일부이며 피할 수 없습니다. 앞선 연습을 통해 고통을 없앨 수 있다고 생각하거나 고통에서 벗어날 수 있다고 생각하는 행동이 어떤 결과를 가져오는지 알게 되었습니다. 고통을 제거하기 위한 행동이 더 고통을 유발합니다. 이것을 추가적인 고통(pain) 또는 괴로움(suffering)이라고 부르겠습니다. 고통 자체는 피할 수 없지만 이 추가적인 고통은 없앨 수 있습니다. 정말 멋지게 들리지 않나요? 모든 사람은 필연적으로 고통을 경험하게 되지만(이는 선택 사항이 아닙니다), 추가적인 고통을 경험할 필요는 없습니다(이는 선택 사항입니다). 사실 자신도 모르게 추가적인 고통과 괴로움을 유발하는 방식으로 행동함으로써 그 고통을 선택하게 됩니다. 삶의 일부인 고통과 괴로움을 없애려고 하면 할수록 사람들은 더 많은 고통과 괴로움을 유발하는 방식으로 행동하는 경향이 있습니다.

이제 추가적인 괴로움에서 벗어날 수 있다는 것을 알았으니, 새로운 방식으로 고통을 다룰 수 있는 몇 가지 기술이 필요합니다. 도움이 되지 않는 행동을 건강하거나 도움되는 행동으로 대체해야 합니다. 감정에 휩싸여 이성적이고 도움될 만한 선택을 할 수 없는 화이트아웃 시기를 견디는 데 도움이 되는 몇 가지 행동을 알아봅시다.

주의를 분산시키는 활동

주의를 분산시키는 활동은 감정의 폭풍을 가라앉히고 감정을 유발하는 사건, 상황, 또는 사람으로부터 거리를 두고 정신을 차릴 수 있게 해 주므로 유용합니다. 주의분산활동은 감정을 피하거나 도망치려는 것이 아니며 명확하고 객관적으로 상황을 평가할 수 있는 공간으로 이동하기 위한 것입니다. 주의를 분산시키는 활동은 건강에 해롭거나 도움이 되지 않는 행동을 하지 않게 해 주는 안전 조치입니다. 앞서 눈보라가 몰아칠 때 뉴스에서 자주 볼 수 있는 다중 차량 추돌 사고에 대해 이야기했습니다. 대부분의 경우 이러한 사고는 차 안의 시야나 전반적인 시야가 확보되지 않거나 제한된 상황에서 운전을 계속하는 사람들로 인해 발생합니다. 이러한 상황이 운전에 도움이 되지 않고 잠재적으로 해롭다는 것을 인지하는 즉시 운전을 멈춘다면 대형 사고를 피할 수 있습니다. 주의를 분산시키는 활동은 추가적인 문제(추가적인 괴로움)를 최소화하거나 피할 수 있는 방법입니다.

켈리 감정 폭풍이 몰아치는 것을 느낄 때 저는 감정으로부터 신체적, 정신적 거리를 두려고 최선을 다합니다. 말처럼 쉽지는 않지만, 저에게 효과가 있었던 방법은 먼저 저를 화나게 하는 것에서 물리적으로 거리를 두는 것이었습니다. 만약 그것이 사건이나 주변의 사람이라면, 예의 바르게 양해를 구하고(혹은 잠시 시간이 필요하다고 하고) 마음을 진정할 수 있는 공간으로 이동합니다. 그 상황에서 물리적으로 떨어지면 정신적인 거리도 확보할 수 있습니다.

다음은 즐거운 활동을 위한 몇 가지 아이디어입니다. 신체 활동은 주의력을 분산시킬 뿐만 아니라 천연 진통제이자 항우울제인 엔돌핀을 분비합니다. 이 목록은 여러분에게 영감을 주기 위한 것입니다. 자신에게 맞는 활동에 체크하거나 동그라미 또는 다른 표시를 하세요.

달리기	수영
조깅	농구
빨리 걷기	필라테스
백패킹	등산
하이킹	볼링
팀 스포츠	요가

윈드서핑	스노보드
자전거 타기	복싱
골프	웨이트리프팅
배구	낚시
발레	웨이트트레이닝
수중 에어로빅	테니스
피구	에어로빅 클래스
크로스핏	롤러스케이팅
정원 가꾸기	족구
킥복싱	럭비
배드민턴	수상스키
미식 축구	발야구
축구	스쿠버다이빙
핸드볼	스트레칭
라켓볼	승마
유도	아이스 스케이팅
태권도	스피드스케이팅
암벽 등반	소프트볼
주짓수	필라테스
롤러블레이드	서핑
줄넘기	레슬링
헬스장 가기	

도움이 될 만한 다른 신체 활동이 있나요? 이 페이지나 다이어리에 적어 보세요.

다음은 기분을 전환할 수 있는 다른 활동 목록입니다. 마음에 드는 활동에 체크하거나 동그라미를 치거나 표시를 해 보세요.

독서	교회활동
가족과 함께하는 시간	해변 산책
영화 관람	외식
컴퓨터 게임	연주
퍼즐	보컬 트레이닝
그림 그리기	기타 치기
컬러링북	집안일
음악 감상	스크랩북
다이어리 쓰기	공예
스포츠 관람	여행
사진찍기	수면/낮잠
십자수	사교 활동
탁구	쿠킹/베이킹
뜨개질	글쓰기
수영	동물케어
댄스	반려견 산책

고통을 다스리는 데 도움이 될 만한 그리고 또 다른 즐길 만한 취미가 있나요? 여기 혹은 다이어리에 적어 보세요.

힘들 때는 자신만의 경험에 사로잡혀 다른 사람들도 힘들어하고 있다는 사실을 잊어버리기 쉽습니다. 연구에 따르면 자신을 벗어나 다른 사람을 돕는 데 주의를 집중할 때 기분이 나아진다고 합니다. 다음은 몇 가지 자원봉사를 위한 팁입니다. 자신에게 맞는 자원봉사 활동에 체크하거나 동그라미 또는 다른 표시를 해 보세요.

환경 단체	문해력 프로그램
푸드뱅크	병원
혈액 은행	동물 보호 프로그램
방과 후 프로그램	요양원
재난 구호	은퇴자 커뮤니티
공원 및 야외 공간	노숙자 쉼터
박물관	도서관
튜터 프로그램	정치 단체
수족관	멘토링 프로그램
사랑의 집짓기 연합회	커뮤니티 청소
스페셜 올림픽	데이케어 센터 자원봉사
코칭 자원봉사	적십자
청소년 놀이 지원프로그램	청소년쉼터
무료 배식	노인치매안심센터

이렇게 해 보세요! 각 영역(신체 활동, 기타 활동, 자원봉사 활동)에서 주의 전환 활동으로 먼저 시작하고 싶은 것을 파악하세요. 언제든지 다른 활동을 추가해 보고 좋아하지 않거나 주의 전환이 잘 안 되는 활동을 제거해도 좋습니다. 다이어리에 적어 보세요. 또한 밖에서도 해 볼 수 있도록 스마트폰 메모에 적어 두는 것도 좋습니다. 여러 가지 방법을 시도하면서 가장 성공적인 방법을 기록해 두세요. 주의 집중을 방해하는 활동을 선택할 때는 시간을 고려하길 바랍니다. 시간이 많을 때 도움이 되는 활동과 시간이 부족할 때 효과적인 활동을 파악하세요.

켈리 제가 주로 하는 주의 전환 활동은 심호흡 10번 하기, 밖에 나가서 신선한 공기 마시기, 부모님께 전화하기, 친구에게 전화하기, 내 공간을 청소하기, K-pop 음악 듣기, 책 읽기, 운동하기(시간이 많지 않을 때는 점핑잭과 같이 심박수를 높일 수 있는 짧은 활동 하기), 찬물 한 잔 마시기입니다.

즐거운 기억

기분이 나쁘고 고통스러운 감정을 경험할 때, 우리는 흔히 과거 경험했던 좋은 일들을 잊어버리곤 합니다. 과거에 있었던 좋은 기억을 끄집어 내면 지금의 안 좋은 시기는 일시적인 것임을 이해하게 됩니다.

『10대를 위한 괴롭힘 워크북』(Lohmann & Taylor, 2013)의 저자들은 행복하고 즐겁고 재미있는 시간을 떠올리게 하는 물건이 들어 있는 코드블루[1] 상자를 만들 것을 제안합니다. 좋아하는 물건, 기념품, 사진, 그 시절을 떠올리게 하는 카드와 편지를 넣을 수 있습니다. 밖에서는 코드블루 상자를 갖고 다닐 수 없으니 몇 가지 대안을 제시한다면, 즐거웠던 시간을 떠올리게 하는 물건들을 사진으로 찍어 스마트폰에 포토앨범으로 만들어 필요할 때마다 꺼내 볼 수 있습니다. 사랑하는 사람의 음성 메모를 휴대폰에 녹음해 두면 혼자가 아니라는 사실을 떠올리며 듣고 싶을 때마다 들을 수 있습니다. 그리고 침실이나 학교 기숙사의 어떤 공간이든 사랑하는 사람들의 사진을 붙여서 이용해도 좋습니다.

켈리 저의 '코드블루 박스'는 친구와 가족에게서 받은 편지와 카드를 모아 둔 미니 컬렉션입니다. 편지와 카드를 다시 읽어 보면 제가 얼마나 사랑받고 있는지, 얼마나 지지받고 있는지 되새길 수 있습니다. 방에 앉아 글을 쓰면서 카드 더미를 보고 있는데, 맨 위에 있는 것은 가장 최근 생일에 받은 카드였습니다. '지금 여기'가 행복하지 않을 때에도 이런 것들은 미소를 짓게 합니다. 집으로 돌아오면 볼 수 있게끔 문 뒤쪽에도 게시판을 만들었습니다. 사진, 카드, 콘서트 및 스포츠 경기 티켓과 같은 기념품은 제 인생의 모든 멋진 순간을 떠올리게 합니다. 볼 때마다 앞에 펼쳐질 멋진 시간에 대한 희망이 생깁니다!

---

1) 역자 주: 병원에서 코드블루는 위험한 응급 상황이 있을 때 환자가 동요하지 않도록 알리는 방법으로 심리적 위급한 상황에서도 코드블루 상자를 이용해서 마음을 가라앉히게 하는 목적으로 사용할 수 있음.

정리하기

이 장에서는 자신의 감정에 대해 자세히 알아보고, 싫어하는 감정이 왜 필요한지 뿐만 아니라 그 감정을 받아들이는 방법에 대해서도 배웠습니다. 부정적인 믿음이 촉발되면 압도적이고 견딜 수 없는 고통스러운 감정에 휩싸이게 됩니다. 고통을 겪을 때는 그 경험을 잘 알아차리고 감정적 화이트백을 극복하는 데 필요한 활동에 몰두하다 보면 어느새 고통에서 벗어난 자신의 모습을 발견할 수 있습니다. 상황을 보다 명확하게 평가할 수 있게 되면 자신이 추구하는 가치들과 맞는 방향으로 나아갈 수 있는 선택을 할 수 있습니다. 이제 여러분은 자신의 부정적인 신념과 생각 및 감정과의 관계를 더 잘 이해하게 되었습니다. 다음 장에서는 행동 반응과 의사소통 기술에 대해 좀 더 자세히 살펴보도록 하겠습니다.

07

도움이 되는 행동과 의사소통

2장에서 여러분은 자신과 타인에 대한 믿음과 관련된 함정, 촉발 요인에 대해 인식했습니다. 부적절감, 불완전함, 결함 또는 실패를 유발하는 상황에 처했을 때 여러분이 하는 행동은 좋지 못한 생각과 감정을 표현하기 위함입니다. 이 행동은 자신에 대한 나쁜 감정이 들자마자 즉각적인 충동에 따라 반응하고 있다는 사실을 미처 깨닫지 못한 채로 일어납니다.

자동적인 대응 행동은 부정적인 생각, 불편한 감정 및 감각을 일시적으로 완화할 수 있습니다. 하지만 일시적인 안도감이 가라앉고 나면 기분이 이전과 비슷하거나 더 나빠질 가능성이 높습니다. 앞서 말했듯이, 우리의 행동은 스스로를 보호하기 위해 하는 것이지만, 그보다 생존 본능과 더 밀접하게 연관되어 있어 자극을 받으면 싸움, 도피, 동결 모드로 반응하게 됩니다. 이러한 반응은 생명을 위협하는 상황에 자주 직면했던 우리 조상들에게는 매우 유용한 목적이었지만, 요즘 사람들에게는 더 이상 유용하지 않습니다. 현대인들은 일상에서 위협적으로 다가오는 차를 피해 몸을 날려야 하는 즉각적인 반응이 필요한 순간에 직면할 수도 있지만 대부분의 촉발상황은 생명을 위협할지도 모른다는 여러분의 막연한 느낌에 근거합니다.

자신의 결함 혹은 부적절하다고 여기는 부분이 노출될 것 같은 상황에 처하면 목숨이 위태로운 것처럼 반응하는 것은 당연한 일입니다. 이 장에서는 자신의 반응을 더 깊이 이해하고, 그 반응을 3장에서 확인한 가치들과 연결하고, 촉발자극이 되는 사건에 더 유연하게 대응할 수 있도록 관점을 전환하는 것을 돕고자 합니다. 궁극적으로는 자신의 가치와 연결된 유용한 행동 반응을 잘 인식하도록 돕고자 합니다. 이러한 행동 변화는 불완전한 세상에서 불완전한 사람으로 살아가는 데 따르는 고통을 완전히 없애 주지는 못하지만, 도움이 되지 않는 행동으로 반응할 때 겪는 추가적인 괴로움은 예방할 수 있습니다.

켈리 학교에서 내 준 큰 과제가 있거나 친구와의 대화가 잘 안 풀리는 것과 같은 일이 생기면 스트레스를 받고 압도되는 느낌이 듭니다. 그래서 지금 당장 굳이 하지 않아도 될 일에 몰두하면서 마음속으로는 그러고 있는 자신에 대해 변명하곤 합니다. 큰 과제는 손을 대기가 두렵고 겁이 납니다. 이에 대한 대응으로, 시간압박을 받는 큰 과제는 내버려 두고 시간에 덜 민감한 과제를 하며 시간을 보낼 때가 있습니다. 지금 읽지 않아도 되는 역사책을 미리 읽기 시작하거나, 지난 여름 가족 여행에서 찍은 사진을 출력해 포토월에 추가한다든지 하면서 시간을 보냅니다. 정말 해야 할 큰 일들을 피하고 있다는 것을 막연히 알고 있지만 어쨌든 그렇게 하는 이유는 저를 짓누르고 있는 스트레스로부터 주의를 분산시킬 수 있기 때문입니다. '급한 일이 아니지만 언젠가는 해야 하는 것이니까 지금 하는 것이 낫지 않을까?' '지금 이거라도 하는 것이 오히려 생산적이지 않을까?' 하는 생각이 들거든요.

하지만 결국은 이런 행동은 역효과를 낳습니다. 결국 마지막 순간까지 큰 과제를 미루고 미루다가 해야만 하니까요. 이렇게 하다 보면 나중에는 큰 과제를 할 시간이 촉박해서 제대로 하지 못하고 좋지 못한 점수를 받고 엄청나게 좌절감을 느끼게 됩니다.

스트레스 상황에서 도움이 되지 않는 반응을 하여 결국에는 부적절감, 무가치함, 결함, 불완전함 또는 실패에 대한 감정을 더욱 심화시키고 장기적으로는 기분이 어떻게 더 나빠지는지 이해할 수 있나요?

이렇게 해 보세요! 반복되는 촉발상황과 그와 연관된 생각, 신념, 감정, 감각, 행동 반응을 파악해 보세요. 이제 충동에 따라 행동한 후 어떤 결과를 경험했는지 채워 넣으세요. 결과적으로 나타나는 현상을 알아차렸을 때, 이런 행동들이 자신에 대한 부정적인 믿음을 어떻게 더욱 공고하게 만들고 어떻게 더 큰 고통을 유발하는지 알 수 있나요? 이전과는 다른 선택을 하기 위해 스트레스 촉발상황과 충동에 따라 행동하는 것 사이에 충분한 시간을 허용하는 것을 상상할 수 있나요?

켈리 앞에서 언급한 경험을 바탕으로 작성한 내용은 다음과 같습니다.

촉발상황: 큰 학교 과제

생각 또는 신념: 과제를 하기 너무 힘들어. 이 일을 할 만큼 똑똑하지

않아, 내가 원하는 만큼 잘 해내지 못할 거야.

감정: 집착, 스트레스를 받음.

신체 감각: 속이 메스껍거나, 불안하거나, 밤에 잠들기 어려움.

행동 반응 또는 충동: 큰 과제를 무시하고 다른 것에 집중하여 주의를 분산시킴.

결과: 결국 스트레스를 더 많이 받고, 처음에 걱정했던 것처럼 원하는 만큼 잘 해내지 못함.

우리는 여기서 중요한 사실을 강조하고 싶습니다. 여러분에게는 대안이 있습니다. 여러분은 다른 선택을 할 수 있습니다. 생존 모드로 기본값(디폴트)을 설정할 필요는 없습니다.

생존 모드에서 전환하는 것이 너무 간단하게 들릴지 모르지만 결코 쉬운 일이 아닙니다. 생존을 위한 행동 반응은 자동적으로 일어나며, 의식하지 못하는 경우가 많기 때문에 미처 생각하지 못한 가운데 일어납니다. 자동조종이 작동하기 때문에 아주 쉽게 일어납니다. 반면, 가치에 기반한 행동 반응을 선택하려면 현재에 집중하는 알아차림과 마음챙김(5장에서 설명한 대로)이 필요합니다. 이것은 자동조종 스위치와 반대되는 개념입니다. 하지만 시간이 지나면 가치 중심의 행동은 더욱 자동으로 바뀔 것입니다. 그렇게 되려면 먼저 매우 구체적이고 유용한 행동 반응을 식별해야 합니다.

이렇게 해 보세요! 앞선 연습에서 제시된 촉발상황과 행동 반응을 떠올려 보세요. 이제 그 상황에서 가치 중심의 행동 반응이 무엇인지 생각해 보세요. 그 선택과 연관된 잠재적 이익은 무엇인가요?

이제 현재 하고 있는 자동적 행동에서 가치 중심적 행동으로 바뀐다면 자신에 대해 어떻게 다르게 느낄지 상상할 수 있나요?

자동적 행동 반응과 가치 중심적 행동을 할 때 자신에 대한 감정과 다른 사람들의 반응을 비교하고 대조할 수 있습니까?

켈리 제가 쓴 내용은 다음과 같습니다.

촉발 상황: 중요한 학교 과제

자동행동 반응: 큰 과제를 무시하고 다른 것에 집중하여 주의를 분산시킴.

가치 중심 행동 반응: 큰 과제에 주의를 기울이고, 그 과제에 집중함.

잠재적 이점: 잘하게 됨, 불필요한 스트레스 감소

이렇게 해 보세요! 이제 스트레스 유발 상황에서 서로 다른 행동(자동적 행동 반응과 가치 중심적 반응)이 자신과 다른 사람들을 어떻게 느끼게 하는지 비교하고 대조해 보세요.

켈리 다음과 같이 이 연습을 해 봤습니다.

자동 행동 반응: 큰 과제를 무시하고 다른 것에 집중하여 주의를 분산시킴.

나 자신에 대한 감정: 나는 이 일을 할 만큼 똑똑하지 않아.

다른 사람들의 반응: 저 여자애는 이 일에 별로 관심이 없나 봐.

가치 중심의 행동 반응: 큰 과제에 주의를 기울이고, 그 과제를 위해 노력함.

나 자신에 대한 감정: 나는 성공했어.

다른 사람들의 반응: 켈리는 열심히 하네.

새로운 선택을 했을 때의 이점이 보이기 시작했나요?

도움이 되는 선택을 하기 위한 또 다른 중요한 측면은 다른 사람들과 관계를 이어 가고 강화하는 방식으로 소통하는 것을 선택할 수 있다는 점입니다. 커뮤니케이션에 대해 좀 더 자세히 살펴봅시다.

여러분의 커뮤니케이션은 여러분에 대해 무엇을 말하고 있나요

여러분이 갖고 있는 부정적인 신념에 반응했다면 커뮤니케이션 스타

일이 너무 거칠거나, 너무 소심하거나, 불분명하고 비효율적이었을 가능성이 높습니다. 자신의 감정을 표현하는 데 어려움을 겪거나 순간적으로 화를 내며 표현할 수도 있습니다. 특히 스트레스가 유발되는 경험을 하는 동안에는 부정적인 신념의 필터를 통해 다른 사람의 말을 듣기 때문에 다른 사람의 말을 쉽게 오해할 수 있습니다.

우리는 생각에 대해 이야기하였고 생각과의 관계를 바꿔야 할 필요성에 대해서도 언급하였습니다. 이제 생각에 집착할 때 부정적인 신념을 더욱 확신하거나 강화하는 경향이 있다는 것을 이해할 것입니다. 다른 사람의 말에 대해서도 마찬가지입니다. 우리는 상대가 말한 핵심 단어나 내용에 집착하면서 부정적인 신념의 렌즈를 통해 필터링합니다. 이렇게 하면 일반적으로 부정적인 신념을 확신시켜 주는 부분과 부정적인 신념에 기반한 예측에 집착하기 때문에 상대방의 전체 메시지를 듣지 못하게 됩니다.

더 나은 경청자가 되려면 평가하거나 판단하지 않고 관찰해야 합니다. 스트레스를 촉발하는 상황에 처하면 부정적인 생각과 감정이 떠오르면서 화이트아웃 상태에 빠지게 됩니다. 이때는 자신에 대한 부정적인 믿음과 타인에 대한 기대를 확인시켜 주는 말에 집착하게 될 가능성이 높습니다. 이런 일이 발생하면 유연하게 대처할 수 없습니다. 이런 상황에서는 부정적인 신념을 강화하는 고정된(자동화된) 생각과 행동을 고수하게 됩니다. 상황을 자세히 살펴보지 않고 성급하게 결론을 내릴 수 있습니다. 자신도 모르게 다른 사람들에게 비판적이고, 융통성이 없고, 판단력이 부족하고, 방어적인 모습을 보일 수 있습니다. 2장에서 살펴본 것처럼 자신의 경험을 자각하고 탐구적인 저널리스트가 되어 보면 도움이 되지 않는 커뮤니케이션 스타일에서 도움이 되는 커뮤니케이션 스타일로 전환하는 데 도움이 될 수 있습니다. 이 말은 의사소통을 할 때 성급하게 결론을 내리거나 어떤 답을 하기 전에 호기심을 갖고 더 많은 것을 알아보는 것을 의미합니다.

자신에 관한 부정적인 신념들은 스스로 알아차리지 못한 상태에서 작동하기 때문에 이로 인해 본인도 미처 자각하지 못한 채로 어떤 행동과 의사소통을 하게 됩니다. 어떤 촉발 자극에 대해 반응하고 싶은 강한 충동이 생기면, 그 강한 충동을 알아차리고 속도를 늦추고 현재 상황을 살펴봐야겠다는 신호로 활용하세요.

확증 편향(confirmatory bias)은 건강한 의사소통을 방해하는 주요 장애물이 될 수 있습니다. 확증 편향은 자신의 신념과 이야기를 뒷받침하는 것만 보려는 경향을 말합니다. 부정적인 믿음이 촉발되면, 우리의 마음은 지름길을 택하고 과거 경험을 바탕으로 결과를 예측하며, 부정적인 믿음에 반박할 만한 정보를 받아들일 여지가 좁아집니다. 부정적 편향은 우리를 위험으로부터 보호하기 위한 방어적 조치이지만, 이미 이해하고 있듯이 몇 가지 문제를 일으킬 수 있습니다. 특히 다른 사람의 말을 경청할 때 더욱 그렇습니다.

경청 기술

잘 듣는 것은 건강한 커뮤니케이션을 위해 필수적이며, 의미 있고 지속적인 관계를 구축하는 데 중요합니다. 능동적 경청 기술을 소개하기 전에 능동적 경청을 방해하는 요소에 대해 살펴보겠습니다.

경청 차단

일상생활에서 더 나은 커뮤니케이션을 방해하는 방해 요소들이 끊임없이 존재한다는 것은 누구나 아는 사실입니다. 아무리 좋은 상황이라도 방해 요소가 많은 상황에서 좋은 경청자가 되는 것은 어려운 일이며 여기에다가 부정적인 신념까지 더해지면 불가능하게 느껴질 수 있습니다. 우리 모두는 의식하든 의식하지 못하든 경청을 차단합니다. 이는 다른 사람들과 더 깊이 소통하는 데 방해가 되는 습관적인 행동입니다.

경청 차단의 유형

이제 다른 사람들과의 소통을 방해할 수 있는 몇 가지 경청 차단에 대해 알아봅시다. 아래는 특히 부정적인 신념이 촉발될 때 우리가 흔히 저지르는 몇 가지 주요 경청 차단 유형의 목록입니다. 부정적인 신념을 유발하는 경험 중에 온전히 집중하지 못하면 상대방이 전달하려는 내용을 이해하는 데 장해가 생기고 효과적으로 소통하는 능력이 제한됩니다. 이러한 차단은 거의 항상 자동으로 발생합니다. 촉발 경험에 대한 어떤 반응이 자신에게 해당되는지 파악하세요.

비교하기　상대방 또는 상황과 자신을 비교하는 데 집중하기 때문에 경청하지 않습니다.

마음 읽기　상대방의 이야기를 충분히 듣지 않고 그 사람의 '진짜' 생각과 감정을 추측하는 데 집중합니다. 과거 경험을 바탕으로 결과를 예측하려고 하기 때문에 특히 부정적인 믿음이 촉발될 때 흔히 나타납니다.

리허설하기 상대의 말을 충분히 듣는 대신 자신이 할 말을 미리 머릿속으로 연습하느라 바쁩니다.

필터링 불쾌하거나 자극적인 특정 어조나 주제를 들으면 마음이 심란해지고 경청을 못하게 됩니다.

판단하기 메시지에 대한 경청을 중단하고 대신 상대방이 무엇을 말할 것인지 판단하려고 합니다. 특히 자극적인 대화 중에 흔히 나타납니다.

말다툼 재빨리 상대방의 말에 동의하지 않거나 논쟁을 합니다.

옳다고 주장하기 대화의 주된 목표가 나는 틀리지 않았고 옳다는 것을 주장하려고 합니다.

탈선하기 대화 주제를 바꿔서 탈선시키는 유형입니다. 이는 자신의 결점이 드러날 수 있는 부분을 감추기 위해 다른 주제로 '넘어가는' 전략의 하나입니다.

달래기 (비판을 피하기 위해) 겉으로 친절하고 상냥하게 보이려고 하면서 상대방의 말을 제대로 듣지 않게 됩니다.

이렇게 해 보세요! 경청 차단(listening block)을 극복하기 위한 첫 번째 단계는 어떤 영역, 사람, 상황에서 일어나는지 잘 파악하고 연결시키는 것입니다. 가능한 한 구체적이고 자세하게 다이어리에 적어 보세요.

켈리 가족과 관련된 부분에서 저는 '마음 읽기' 경청 차단으로 어려움을 겪고 있습니다. 가족을 너무 잘 안다고 생각하기 때문에 특히 말다툼이 있을 때는 가족이 미처 말하기 전에 이미 무슨 말을 할지 뻔하다고 여기는 경우가 많습니다. 예를 들어, "네, 엄마, 제가 침대를 정리하고 세탁을 하길 바라시는 거 알아요."와 같은 말을 합니다. 이런 행동은 엄마가 나에게 무슨 말을 하고 싶어 하는지를 정확히 파악하기도 전에 미리 엄마의 마음을 짐작하고 나를 비난할 것 같다는 생각과 연관되어 일어납니다. 이런 커뮤니케이션 방식으로 인해 다른 가족들은 좌절감을 느끼게 되고, 결국 열린 마음으로 가족들의 말을 경청했을 때보다 훨씬 더 나쁜 상호작용을 하게 됩니다.

여러분의 부정적인 신념이 어떻게 건강한 의사소통, 특히 상대방의 말을 진정으로 경청하는 데 방해가 되는지 알아차릴 수 있나요? 경청 차단을 알아차리지 못한다면 부정적인 신념을 계속 강화하는 의사소통 패턴에 갇히게 됩니다.

자신을 표현하기

의사소통의 또 다른 핵심 요소는 자신을 표현하는 것입니다. 자라면서 자기 욕구를 효과적으로 표현하는 방법을 배우지 못했거나, 행동으로 표현하는 것이 관심을 끌 가능성이 더 높다는 사실을 깨달았거나, 욕구를 충족시키려는 생각을 포기했을 수도 있습니다. 자신이 결함이 있거나, 가치가 없거나, 충분하지 않다고 느낀다면 어느 순간 욕구를 충족시킬 자격이 없다고 결론을 내렸을 가능성이 높습니다. 다른 사람들이 자신의 욕구 때문에 자신을 비난하거나 조롱할까 봐 걱정하거나 다른 사람의 욕구가 우선시될까 봐 걱정할 수도 있습니다.

때로는 자신의 욕구와 감정을 파악하는 것은 어렵습니다. 그리고 이러한 감정들은 우리를 취약하게 만들고 실망, 슬픔, 외로움, 우울증, 분노, 갈망을 가져올 수 있기 때문에 두렵게 만듭니다. 다른 사람들에게 자신의 일부를 숨기고 자신을 보호하는 것은 자신의 욕구를 파악하는 데 방해가 될 수 있습니다. 욕구를 인식하게 되면 불편한 감정이 유발될 수 있습니다.

그리고 부정적인 감정이 유발되면 그 감정이 너무 압도적이어서 자신의 감정과 욕구를 파악하는 데 어려움을 겪을 수 있습니다. 다시 말해, 짜증이 나고 화를 심하게 내다가도 감정의 화이트백이 지나고 나면 실제로 슬픔이 밀려옵니다. 슬픔은 분노보다 더 취약하게 느껴집니다. 이전 장의 현서를 기억하시나요? 현서는 지수가 보고 싶었지만 지수와 더 많은 시간을 보내고 싶다고 말하기보다는 화를 냈습니다. 분노 감정이 사라진 후 현서는 자신의 진정한 감정과 욕구를 파악할 수 있었습니다.

이렇게 해 보세요! 완료한 연습 문제를 복습하는 시간을 가져 보세요. 표현하지 못했던 욕구를 파악할 수 있나요? 자신의 결점이라고 생각하는 부분을 숨기는 것이 다른 사람에게도 자신의 욕구를 숨기는 결과를 가져온다는 것을 인식할 수 있나요? 자신의 욕구를 표현하는 것이 더 어려울 때가 언제인지 파악할 수 있나요? 이에 대해 다이어리에 적어 보세요.

켈리 매번 노력하고 있지만, 제 욕구를 표현하는 것이 항상 어렵다는 것을 느낍니다. 예를 들어, 학교에서는 수업, 동아리 모임, 친구들과 수다를 떠는 사이사이 휴식을 취하고 숨을 돌릴 수 있는 혼자만의 시간을 갖고 싶을 때가 있습니다. (가끔은 다른 친구들보다 그런 시간이 더 필요할 때도 있습니다!) 저와 함께 어울리거나 학교에서 저와 함께 무언가를 하고 싶어하는 친구에게 혼자만의 시간이 필요하다고 설명하기가 어렵습니다. 이런 내 안의 욕구를 무시하면 함께 있는 것이 덜 즐겁고 결국에는 처음보다 훨씬 더 피곤해집니다.

이렇게 해 보세요! 부정적인 신념을 다룰 때, 여러분은 자신이 통제할 수 없는 부정적인 생각에 끊임없이 시달리게 됩니다. 여러분은 이러한 생각에 집착하지 않고 거리를 두는 마음챙김의 중요성을 배웠습니다. 하지만 다른 사람들로부터 비판적인 말을 들으면 어떻게 반응할까요? 다른 사람의 비판을 어떻게 받아들이나요? 어떻게 처리하나요? 그리고 어떻게 대응하나요?

켈리 어렸을 때 저는 비판을 받아들이는 데 정말 어려움을 겪었습니다. 비판이 선의에서 나온다는 생각을 하지 않았고, 누군가가 나에게 비판을 한다면 그건 나에게 화가 났거나 나의 어떤 면이 마음에 들지 않기 때문이라고 생각했죠. 이제 저는 그것이 사실이 아니라는 것을 알았습니다.
특히 저를 아끼고 나의 최선의 이익을 위해 노력하는 사람들의 비판에 더 열린 자세로 임하려고 노력합니다.

이렇게 해 보세요! 어떤 커뮤니케이션을 비판으로 받아들였을 때 습관적이고 본능적인 반응을 적어 보는 시간을 가져 보세요. 비판으로 반격하거나, 방어적으로 되거나, 달래거나, 주제를 바꾸거나, 철회하거나, 차단하거나, 스스로를 비난하거나, 더 이상 듣고 싶지 않아 즉시 사과하나요? 각 영역에서 자신의 반응을 살펴보세요.

살아오면서 여러분 중의 일부는 다른 사람의 실제적 또는 지각된 비판에 반응하느라 애를 썼고, 이로 인해 자기 욕구를 파악하고 표현하는 방법을 배우지 못했을 수도 있습니다. 아니면 이전에 자기 욕구를 표현하려고 했지만 그 욕구가 다른 사람의 욕구만큼 중요하지 않다는 말을 듣거나 덜 중요하다는 느낌을 받았을 수도 있습니다. 이러한 경험은 주변의 대부분의 사람들 혹은 주변의 특정한 어떤 사람과 어떤 유형들로부터 겪은 일일 수도 있습니다. 과거에 여러분의 요구가 거절되었거나 비판을 받았을 수도 있습니다.

어떤 사람은 여러 가지 이유로 자기 욕구를 표현하는 연습을 해 본 적이 없습니다. 또는 상대방이 내 요구를 들어줘야 하는 이유에 대한 근거를 대야만 한다고 느낄 수 있습니다. 그리고 다른 사람을 기쁘게 하고, 인정을 받고 싶고, 다른 사람을 실망시키고 불이익을 당하는 것을 피하기 위해 자기 욕구를 부정해 왔을 가능성이 높습니다. 인간관계에서 자기 욕구가 충족되지 않고 다른 사람의 욕구를 충족시키는 데 대부분의 시간을 보낸다고 느낄 수도 있습니다.

이렇게 해 보세요! 최근 자신의 욕구가 표현되지 않았거나 자신의 요청이 제대로 전달되지 않았다고 느꼈던 상황을 떠올려 보세요. 기억나는 세부 사항을 적어 보세요.

그 순간 자기 욕구를 인식하고 적절한 때에 표현하는 것이 왜 중요한지 알 수 있나요? 부정적 신념이 촉발되면 우리는 지금 이 순간에 집중하지 못하고 과거 경험이나 미래에 대한 두려움과 관련된 것을 요구하게 됩니다. 욕구를 표현한다는 측면에서 이것은 현재 상황에 맞지 않는 요청을 하는 것을 의미합니다. 이러한 요청은 한 번도 표현하지 않았던 과거의 욕구와 얽혀 있습니다. 이러한 욕구가 마침내 표현될 때는 현재 상황과 맞지 않는 부정적인 감정과 함께 표출되는 경우가 많습니다. 이는 이해할 만한 일이며 동시에 누구에게나 일어날 수 있는 일입니다. 과거에 표현되지 않은 욕구가 현재에도 영향을 미치고 있다는 사실을 인식하고 자기연민을 실천하는 것이 중요합니다.

적극적인 경청

부정적인 신념은 나한테 뭔가 문제가 있다는 어떤 메시지에 민감하게 반응하게 만듭니다. 우리는 커뮤니케이션을 오해하거나 상대방이 나에 대해 부정적인 말을 했다고 가정하고 명확한 설명을 요구하지도 않습니다. 이러한 오해는 직접 대면할 때도 발생하고, 문자 메시지에서는 상대방의 몸짓을 보거나 목소리 톤을 들을 수 없기 때문에 더 자주 발생합니다. 문자 메시지는 오해가 발생하기 쉬운 환경입니다. 적극적인 경청은 이러한 오해를 없애는 데 도움이 될 수 있습니다. 이 세 단계는 전화나 직접 대면할 때 사용하는 것이 가장 좋습니다.

1단계: 다른 말로 바꾸기

다른 말로 바꾸어 표현하는 것은 상대방이 말한 내용을 자신의 말로 표현하는 것을 말합니다. 특히 부정적인 믿음을 유발하는 내용에 대해 대화할 때는 의역하는 것이 중요합니다. 이렇게 하면 그 순간 잘못된 의사소통을 막을 수 있습니다. 자신에 대한 부정적인 믿음으로 인해 왜곡될 수 있는 오해를 제거하여 명확한 의사소통을 할 수 있습니다.

예시: "내가 제대로 들었다면, 네가 이렇게 말한 것 같은데…."

2단계: 명료화

명료화는 다른 말로 표현하기의 연장선으로, 상대방의 말을 명확히 이해할 때까지 질문을 하는 것을 말합니다. 상대방의 메시지가 내게 전달된 내용을 확인합니다. 이 단계를 통해 더 많은 정보를 얻어 내게 전달된 내용에 대한 세부 정보를 채우거나 상대방의 기분을 더 잘 이해하는 데 도움이 될 수 있습니다. 부정적인 믿음을 가지고 있을 때 누군가가 속상함을 표현하면 자신이 뭔가 잘못했다고 생각할 수 있습니다.

예시: "너 기분이 나쁜 거 같은데, 내가 뭘 잘못한 거야?"

3단계: 피드백

마지막 단계는 대화를 통해 얻은 정보를 바탕으로 상대방의 반응에 대해 비판적이지 않은 방식으로 이야기하는 것입니다. 이 단계는 여러분의 생각과 감정을 공유할 수 있는 기회입니다. 상대방이 전달한 메시지는 이해했지만 상대방의 기분이 어떤지 잘 모르겠다는 생각이 들 수도 있습니다. 이것은 상대방과 더 깊이 소통할 수 있는 기회입니다.

예시: "무슨 말인지는 알겠는데 기분이 어떤지 좀 더 자세히 말해 줄래?"

피드백을 제공하면 상대방이 자신의 커뮤니케이션 효과를 더 잘 이해하고 오해나 잘못된 커뮤니케이션을 신속하게 수정할 수 있기 때문에 상대방에게도 도움이 됩니다. 대화할 때 피드백을 제공하는 것이 중요하며, 친절과 연민을 담아 솔직하고 지지적인 태도를 취하는 것이 중요합니다.

정리하기

건강한 의사소통을 포함해서 자신과 타인과의 상호작용에 도움이 되는 행동을 하는 것은 참 어렵습니다. 그렇기 때문에 자신이 중요하게 생각하는 가치에 부합하는 행동과 커뮤니케이션의 이점을 이해하는 것이 동기부여의 큰 원천이 됩니다. 다른 사람의 말을 경청하고 부정적인 신념과 관련된 장애물 없이 자기를 표현할 때, 모든 사람과 더 깊이 연결될 수 있습니다. 이러한 연결감은 여러분의 삶과 다른 사람들의 삶을 향상시키고, 여러분이 있는 그대로도 괜찮다는 사실을 이해하고 믿는 방향으로 한 발짝 나아가게 해 줍니다!

08

어떻게 하면 배운 것을 활용해서 잘 따라갈 수 있을까

이제 『청소년을 위한 자기수용과 자존감 향상 가이드』를 거의 다 읽었으니, 자신에 대해 가지고 있는 부정적인 믿음과 그것이 행동에 미치는 영향, 그리고 이러한 부정적인 믿음을 없애고 행복하고 가치 중심적인 삶을 살기 위해 할 수 있는 일을 더 잘 파악하였을 것입니다. 쉽게 여겨지나요? 물론 그렇지 않습니다. 앞서 언급했듯이 누구나 자신의 어려움을 극복하려고 합니다.

도움이 필요하다면 이 책의 스파크노트 역할을 하는 마지막 장으로 돌아가 보기 바랍니다. 이 장에서는 지금까지 읽었던 부분, 주제, 주요 연습 문제를 다시 한번 되짚어 보면서 목표를 향한 여정을 잘 따라갈 수 있도록 도와주려고 합니다.

앞부분 요약

01 '나 자신에 대해 어떻게 느끼고 있나'에서는 자신에 대해 가지고 있는 믿음과 그 믿음이 어떻게 형성되었는지에 대해 알아봤습니다. 책 앞부분에 나온 다양한 사례의 청소년들이 숨겨야 한다고 느꼈던 자기

일부분을 공유한 이야기를 생각해 보세요. 이야기를 읽어 나가면서 자신의 어떤 부분을 숨겨야 한다고 느꼈나요? 지금도 여전히 그런 기분이 드나요? 어떤 영역, 즉 삶의 어떤 영역에서 특히 그런 거 같다는 생각이 들고 있나요?

자신의 이야기에 집착할 필요는 없지만, 완전히 진정성 있게 자신을 표현하고 다른 사람들과 연결되는 것을 방해하는 자신에 대한 부정적인 신념을 계속 알아차리는 것이 필요합니다. 이상적으로는 자신의 신념에 의해 부정적인 영향이 자주 나타나는 영역을 잘 살펴보는 것이 좋습니다. 이 책에 나온 정보를 활용하여 자신에 대한 부정적인 신념과 거기에서 비롯된 행동을 연결하는 데 도움을 받을 수 있습니다. 부정적인 신념에 따라 반응하지 않는 데 성공했다면, 충동적 반응(즉, 과거에 행동했던 자동화된 행동)을 잘 식별할 수 있습니다.

02 '나는 왜 그렇게 하는 걸까'에서는 유발 자극 상황에서 부정적인 생각과 감정이 어떻게 부정적인 행동으로 이어질 수 있는지 설명했습니다. 여러분은 자신이 경험하는 사건, 사람, 상황을 유발하는 요인을 파악했습니다. 이러한 경험에 직면하면 단기적으로는 기분이 좋아지지만 장기적으로는 해롭고 도움이 되지 않는 행동을 하게 되는 경우가 많습니다. 기분을 좋게 하기 위한 이러한 행동은 다음과 같습니다. 자기를 비난하는 것은 결국 스스로에 대한 기분을 더 나쁘게 만들 수 있습니다. 자신이 어떻게 반응할지는 스스로 선택할 수 있다는 사실을 기억하는 것이 중요합니다. 도움이 필요한가요? '촉발 행동과 경험'이라는 제목의 절을 다시 살펴보세요. 여기에는 여러분이 공감할 수 있는 행동과 경험이 나열되어 있습니다. 다시 한번 읽어 보면 더 많은 것이 떠

오를 수 있습니다. 앞서 말씀드렸듯이, 자신의 행동과 경험을 인식하는 것은 자존감을 높이고 원하는 삶에 더 가까워지는 다양한 선택을 하기 위한 첫 번째 단계입니다. 의사결정 나무라는 기법을 사용하면 유익합니다. 결정의 계기가 된 사건이나 상황을 적고 두 개의 화살표를 그려 보세요. 하나는 이전에 습관적으로 해 왔던 행동이고 다른 하나는 가치관에 더 가까워질 수 있는 행동입니다. 각 행동에서 또 다른 화살표를 그리고 각 행동의 결과를 추가합니다. 이를 종이 위에 그려 보면 선택의 힘에 대해 새롭게 인식하게 됩니다.

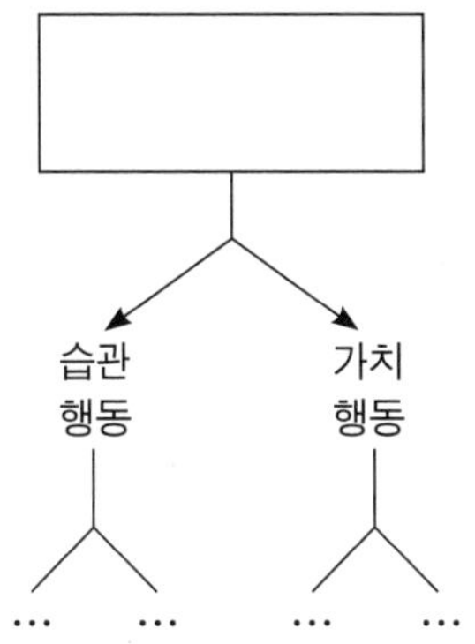

03 '무엇이 중요한지 파악하기'에서는 가치에 대해 이야기하였고, 가치에 따라 삶을 사는 것이 어떻게 도움되지 않는 행동을 바꿀 수 있는지 설명했습니다. 자신의 가치를 염두에 두고 행동하면 자신에 대해 더 나은 기분을 느낄 수 있는 방식으로 행동하게 됩니다. 이것이 바로 여러분의 가치 의도(valued intention)입니다. 가치에 따라 행동하는 것은 쉽지 않으므로 무엇보다도 실제 자신이 중요하게 여기는 가치가 무엇

인지 명심하는 것이 중요합니다. 자신의 가치 의도 목록을 작성해 두는 것이 좋습니다. 이 목록은 여러분이 진정으로 중요하게 생각하는 것이 무엇인지, 그리고 일상생활에서 중요하게 생각하는 것의 우선순위를 어떻게 정할 수 있을지 상기시켜 줄 것입니다. 매주 초에 특히 도전적으로 여겨지는 영역과 관련된 가치를 잘 인식하고 목록을 작성하는 것이 좋습니다. 매주 말에는 그 목록을 검토하고 자신이 주중에 어떻게 했는지 확인해 봅니다. 완벽함이 아닌 나날이 발전하고 있다는 것을 목표로 하는 것이 좋다는 사실을 기억하세요!

04 '자신과 타인 연결하기'에서는 자기연민의 중요성에 대해 설명했습니다. 앞서 말했듯이, 자기연민은 자존감을 높여 주고, 스스로에게 친절하게 대하고 더 공정하게 판단할 수 있도록 해 주기 때문에 시간이 지나도 자존감이 안정적으로 유지됩니다. 자기연민을 유지하는 데 어려움을 느낀다면, 자신의 어려움에 잘 맞는 자애명상 문구를 적었던 부분으로 돌아가 보세요. 만일 가장 어렵다고 여겨지는 측면이 실패에 대한 두려움이라면, "내가 두려움으로부터 자유로워지기를"이라는 열망의 문구를 함께 외워 보세요. 이런 자애 문구를 수시로 반복하면서 내면의 비판자를 쫓아내세요.

05 '마음챙김과 원숭이 마음'에서 우리는 마음챙김과 사고 패턴에 대해 이야기했습니다. 마음챙김은 자기를 있는 그대로 수용하도록 도와주는 좋은 기술입니다. 마음챙김을 실천하면 과거에 대한 후회나 미래에 대한 두렵고 걱정스러운 생각에 사로잡히는 것을 피할 수 있습니다. 방해 요소를 제거하면 삶에서 감사한 것에 더 집중할 수 있습니다. 마음챙김 영역에 들어가는 데 도움이 필요하신가요? 5장으로 돌아가서

마음챙김 집중하기 연습을 찾아보세요. 이 연습은 현재 상황을 부정적인 믿음으로 왜곡하지 않고 있는 그대로 관찰하기 위한 단계입니다. 이 연습을 통해 그 순간의 생각과 감정을 알아차리고 이러한 생각과 감정은 순간적으로 일어난 것이며 굳이 반응할 필요 없는 일시적인 내적 경험이라는 것을 기억하세요.

06 '감정과 폭풍의 '나''에서는 자신의 감정에 대해 자세히 알아보고, 싫은 감정조차도 왜 필요한지, 어떻게 받아들여야 하는지(애니메이션 영화 〈인사이드 아웃〉[1]을 기억하시나요?)에 대해 배웠습니다. 어려운 시기를 극복하기 위해 감정을 경험하는 것이 얼마나 중요한지 알게 되었습니다. 감정의 화이트아웃을 경험하고 있거나 감정 관리에 도움이 필요하다면, 주의를 분산시키는 활동에 대한 부분을 다시 한번 살펴보세요. 어려운 감정 상황에서 잠시 벗어나 마음의 안정을 찾는 데 도움이 되는 몇 가지 제안 목록이 있습니다. 앞으로 한 주를 살펴보고 불편한 감정을 유발할 수 있는 상황이나 사건이 있는지 파악하는 것이 좋습니다. 각 상황이나 이벤트에 대해 감정적 폭풍을 극복하는 데 도움이 되고 주의를 분산시킬 수 있는 활동을 선택하세요. 항상 준비해 두는 것이 도움이 됩니다.

마지막으로 07 '도움이 되는 행동과 의사소통' 부분에서는 자신에게 도움되는 행동과 의사소통을 알아보고 도움되지 않는 행동 패턴을 잘 알아차리고 자신이 중요하게 여기는 가치와 연결하여 촉발자극에 더

1) 역자 주: 2015년 개봉된 애니메이션 영화. 주인공(라일라) 머릿속에 살고 있는 의인화된 감정(기쁨, 슬픔, 분노, 혐오, 두려움) 캐릭터가 등장한다. 2024년 6월에 〈인사이드 아웃 2〉가 개봉되었다.

잘 대응할 수 있게 합니다. 7장에서는 이러한 퍼즐의 중요한 조각인 커뮤니케이션의 중요성을 강조합니다. 어떻게 하면 우리의 삶을 더 나은 방향으로 나아가도록 선택할 수 있을까요? 우리는 가치 중심의 결정을 내려야 합니다. 도움이 필요하신가요? 촉발사건에 대한 즉각적인 반응과 가치 중심적 반응을 비교하는 연습 문제를 다시 한번 살펴보세요.

추가로 7장에서 설명한 의사소통 기술을 살펴보세요. 우리는 모두 다른 사람과의 의사소통에 어려움을 겪으며, 특히 스트레스를 촉발하는 자극적인 상황을 겪을 때는 더욱 그렇습니다. 어떤 기술을 연마해야 할까요? 사람들은 자극을 받으면 바로 경청을 멈추는 경향이 있으므로, 다른 사람의 말을 경청하는 데 초점을 맞추는 것부터 시작하는 것이 좋습니다. 이때 자신에 대한 부정적인 믿음을 확신시키는 메시지의 어느 한 부분보다는 메시지의 전체 맥락을 명확하게 이해하는 것이 좋습니다.

마지막 정리하기

무엇보다도 자기수용을 향한 여정, 즉 자신이 좋은 사람이고 있는 그대로의 자신으로 충분하다는 것을 인정하는 데는 많은 노력이 필요하다는 점을 기억하는 것이 중요합니다. 이 책을 한 번 읽고 책장에 꽂아두는 것만으로는 해결되지 않습니다. 하지만 가치 중심의 온전한 삶을 살기 위해 꾸준히 노력한다면 충분히 성취할 수 있습니다. 그리고 여러분은 혼자가 아니라는 사실을 기억하세요!

참고문헌

Lohmann, R., & J. Taylor. (2013). *The Bullying Workbook for Teens.* Oakland, CA: New Harbinger.

McKay, M., M. Skeen, P. Fanning, & K. Skeen. (2016). *Communication Skills for Teens.* Oakland, CA: New Harbinger.

McKay, M., J. Wood, & J. Brantley. (2007). *The Dialectical Behavior Therapy Skills Workbook*. Oakland, CA: New Harbinger.

Paterson, R. (2016). *How to Be Miserable.* Oakland, CA: New Harbinger.

Salzberg, S. (2002). *Loving-Kindness: The Revolutionary Art of Happiness*. Boulder, CO: Shambhala.

❑ 저자 소개

미셸 스킨(Michelle Skeen)

임상심리학 박사 학위를 받았다. 핵심 가치와 가치 의도를 파악하기, 마음챙김, 자기연민, 공감, 효과적인 의사소통 및 갈등 해결 기술의 중요성을 강조하는 관계 증진 책을 저술하였다. 무의식적으로 작용하는 장애물(두려움과 신념)을 인식하여 건강한 관계를 형성하고 유지하도록 코칭하는 데 열정을 쏟고 있다. 그녀는 핵심 가치와 건강한 소통에 대한 조기 개입과 교육이 성공을 위한 필수적인 삶의 기술이라고 믿는다. 이를 위해 그녀와 딸 켈리는 『10대를 위한 커뮤니케이션 기술(Communication Skills for Teens)』과 『청소년을 위한 자기수용과 자존감 향상 가이드(Just As You Are)』를 공동 집필하였다.

켈리 스킨(Kelly Skeen)

워싱턴 DC에 있는 조지타운대학교를 졸업했다. 미국학을 전공한 그녀는 예술 및 뮤지엄 연구에 집중했으며, 시각 예술에 대한 접근성을 확장하는 커리어를 쌓을 계획이다. 또한 어머니인 미셸 스킨과 함께 『10대를 위한 커뮤니케이션 기술(Communication Skills for Teens)』의 공동 저자이기도 하다. 그녀는 자기수용을 높이고 자신의 진정한 모습을 받아들이기 위해 매일 노력하고 있다! 자세한 내용은 웹사이트(www.kellyskeen.com)에서 확인 가능하다.

❑ 역자 소개

이우경(Lee Woo Kyeong)

서울사이버대학교 상담심리학과 교수로 재직 중이다. 대표적인 저 · 역서로는 『청소년의 자신감 향상을 위한 워크북』(학지사, 2024), 『청소년을 위한 마음챙김 기술』(공저, 학지사, 2021), 『SCT 문장완성검사의 이해와 활용』(학지사, 2018)이 있다.

청소년을 위한 자기수용과 자존감 향상 가이드

마음챙김과 자기연민을 통한 긍정적 자기 인식

Just As You Are:

A Teen's Guide to Self-Acceptance and Lasting Self-Esteem

2024년 8월 20일 1판 1쇄 인쇄
2024년 8월 30일 1판 1쇄 발행

지은이 • Michelle Skeen · Kelly Skeen
옮긴이 • 이우경
펴낸이 • 김진환
펴낸곳 • (주) 학지사

04031 서울특별시 마포구 양화로 15길 20 마인드월드빌딩
대표전화 • 02)330-5114 팩스 • 02)324-2345
등록번호 • 제313-2006-000265호

홈페이지 • http://www.hakjisa.co.kr
인스타그램 • https://www.instagram.com/hakjisabook

ISBN 978-89-997-3176-1 93180

정가 16,000원

역자와의 협약으로 인지는 생략합니다.
파본은 구입처에서 교환해 드립니다.